X. X. X.
(Fayolle Eugène dit Fayolle-Lefort)

EST-CE QUE JE DEVIENS

ANTISÉMITE ?

DU MÊME AUTEUR

MON INDIVIDUALISME,
TABLEAU DE LA FRANCE CONTEMPORAINE,
aux Éditions Liber.

LE JUIF CET INCONNU
aux Éditions de France.

SHYLOCK N'A PAS UNE BONNE PRESSE.
(Le Juif dans les affaires.)

LES ÉDITIONS DE FRANCE
20, AVENUE RAPP, Paris VIIe
Copyright 1938, by LES ÉDITIONS DE FRANCE.
1704-1-38. — CORBEIL. IMP. CRÉTÉ.

ÉDITION ORIGINALE NON CENSURÉE

Exegi monumentum ære perennius
Un Serviteur Inutile, parmi les autres

Scan, ORC, Correction
Mise en page
10 janvier 2020
BAGLIS
Pour la Librairie Excommuniée Numérique des CUrieux de Lire les USuels

A
BERNARD LAZARE

GRAND ESPRIT ET HONNÊTE HOMME

qui réalisa

CETTE CONJONCTURE EXCEPTIONNELLE :

ÊTRE JUIF ET OBJECTIF

Cet ouvrage nous est parvenu anonymement, et son auteur, après s'être fait connaître, nous a priés de respecter son anonymat. Ce n'est pas qu'il craigne, si cet essai suscite quelques réactions, d'avoir à prendre ses responsabilités et de répondre, visage découvert, à ses contradicteurs, mais il tient beaucoup à ce que sa volonté d'objectivité ne soit suspectée par personne.

N'étant ni homme de lettres, ni homme politique, il souhaite vivement que sa thèse et ses arguments soient jugés et, s'il y a lieu, discutés sans fièvre, en dehors de toute considération étrangère à son dessein. Voilà pourquoi il s'est refusé à jeter le poids de son nom dans le débat.

L'auteur n'affiche pas la prétention de résoudre la question de l'antisémitisme traitée avec pertinence, environ tous les dix ans, par les esprits les plus qualifiés et les plus divers. Il étudie seulement, dans ses origines et ses conséquences, le malaise, purement circonstanciel qui, depuis juin 1936, a réveillé, de-ci de-là, cette vieille querelle.

Dreyfusard passionné, comptant de nombreuses amitiés et sympathies juives, homme de raison et de sang-froid se refusant à croire à la possibilité d'une renaissance d'un mouvement antisémite en France, il a eu la surprise, à l'avènement du premier gouvernement de Front Populaire, de sentir naître en lui une sourde irritation qui l'a insensiblement poussé à modifier son point de vue. Et il a pu constater que son cas était loin d'être isolé.

Cette confession scrupuleuse présente ainsi, en marge de son objet, une réelle valeur documentaire. Elle précise et définit la forte responsabilité de M. Léon Blum dans la genèse de cette évolution. Petite cause, grands effets ! La simple façon dont l'ancien Président du Conseil, dans un mouvement d'orgueil au moins maladroit, qui semblait avoir la puérilité d'un défi à l'adresse de l'Allemagne hitlérienne, composa son ministère et son cabinet, a tout naturellement contribué à la formation de ces remous. Beaucoup de Français de religion juive furent d'ailleurs les premiers à déplorer chez un chef de gouvernement une telle attitude, dont ils prévoyaient trop bien que la moindre conséquence serait, à la faveur de la politique, de ranimer les vieilles passions et de rendre pour un temps quelque crédit à l'argumentation et aux griefs des antisémites.

Dans cette savante analyse d'un état d'esprit qu'il ne nous appartient pas de juger, on trouvera donc la peinture d'un curieux moment psychologique de notre histoire contemporaine, susceptible d'inspirer aux uns et aux autres de sages et apaisantes réflexions.

Les Éditeurs.

AVANT-PROPOS

Le premier lecteur de ce livre fut un éditeur. Il l'a trouvé trop anodin pour le publier.

Si j'avais abordé cette étude avec le préjugé de la haine et uniquement pour le satisfaire, on trouverait dans ces pages, assurément, beaucoup d'accusations sans fondement et d'invectives passionnées. Ce travail se serait confondu avec les pamphlets trop nombreux qu'on vend aux carrefours et qui discréditent leurs thèses par l'exagération de leurs griefs et le ton de leurs querelles.
Je ne sais si je me trompe, mais ce sont ces pamphlets qui me paraissent anodins.

Je voudrais seulement refroidir l'ardeur révolutionnaire des Juifs qui, depuis le commencement de ce siècle, allument aux quatre coins du monde des foyers de désordre et de discorde. Je voudrais ramener à une plus saine considération des réalités les intellectuels idéalistes qui agitent Israël et retournent notre civilisation sur elle-même, comme une terre qu'on bêche.
Pour cela, il faut avant tout qu'ils sachent que leur action est aperçue et jugée. Je remplis ici ce rôle admonitoire.

Cet avertissement ne sera pas entendu je ne me fais aucune illusion à ce sujet. Mais que les Juifs ne s'étonnent pas si d'autres que moi organisent la résistance et, bientôt, la contre-offensive.

Pour le moment, qu'ils trouvent ici ce qui y est et rien de plus, c'est-à-dire le tableau d'une évolution mentale qui mène un esprit prévenu en leur faveur, de la sympathie à la suspicion, de la suspicion, demain peut-être, à l'éloignement. Qu'ils se disent que le même travail s'accomplit en d'autres consciences. Qu'ils mesurent d'avance les effets que produiront les mêmes causes dans des esprits plus prompts à la colère, lorsque deviendra évidente à tous les yeux l'action pernicieuse du judaïsme.

Si j'étais Juif, j'entendrais sans grand trouble crier sur la place publique :

« Demandez La France mangée par la vermine juive ou À la porte, les Youpins… »

Mais je n'aimerais guère qu'un homme modéré exposât posément les motifs qui l'ont conduit à l'antisémitisme, cet antisémitisme fût-il humain et raisonnable.

Mon second lecteur fut encore un éditeur… mais celui-ci a publié le livre.

EST-CE QUE JE DEVIENS ANTISÉMITE ?

I

EST-CE QUE JE DEVIENS ANTISÉMITE ?

*A*NTISÉMITE ? Je ne l'étais certes pas il y a quelques mois. Au contraire. J'ai toujours porté aux Juifs et je conserve encore pour certains d'entre eux une sympathie prédilective, voire un peu partiale.

Les Juifs et moi.

Ce n'est point que j'aie pour les Juifs un respect d'origine historique comme celui que m'inspirent les Grecs, cette sorte d'affinité subtile où l'imagination, le cœur et la raison entrent à des doses délicatement mesurées. Le passé lointain du peuple juif, celui qui précède la destruction du Temple, m'est assez indifférent. Leur religion mercantile, leur nationalisme étroit, leur patriotisme sauvage ne parlent pas à mon esprit.

C'est leur misère plutôt qui touche ma sensibilité. J'accompagne Israël sur la voie douloureuse qu'il parcourt depuis deux mille ans. Je le vois étranger chez tous les peuples, en marge du genre humain, poursuivant la vie inquiète d'un animal traqué, obligé de trouver en lui-même toutes ses raisons de vivre.

Ce passé plus récent me prévient d'emblée en faveur de tout Juif que je rencontre. Comme, au surplus, je trouve en lui un homme doux, serviable, pas souvent bien élevé, mais toujours accueillant, remarquablement intelligent, lorsqu'il n'est pas tout à fait sot, — ce dernier cas est incontestablement le plus rare, — il s'établit facilement entre lui et moi un commerce amical généralement durable. Je peux bien le dire : il y a des Juifs parmi mes amis les plus chers.

J'ai été un dreyfusard convaincu. J'ai pressenti, avant de la connaître, l'innocence de Dreyfus et, tout de suite après la dégradation, j'ai commencé à en persuader quelques juifs qui n'osaient y croire.

J'ai été un dreyfusard passionné, non seulement parce que Dreyfus était innocent, mais *parce qu'il était Juif* et qu'un Juif opprimé par l'antisémitisme me devenait tout de suite plus sympathique que tout autre homme que ne menace pas la conspiration, sans cesse renaissante, d'animosités millénaires.

On le voit : je n'étais pas antisémite.

Je n'étais pas antisémite, mais il me semble que je le deviens et chaque jour un peu plus.

Vue nouvelle sur les Juifs.

Que s'est-il donc passé ?

— Ceci :

Dans les limites de mon expérience personnelle, j'ai constaté un jour que tous les Juifs que je connaissais, au milieu de qui je vivais depuis de longues années, se trouvaient subitement entraînés à l'action révolutionnaire. Ce courant, plus impérieux chaque jour, n'a cessé de grossir jusqu'à l'avènement du Front Populaire. Le marchand, le juriste, le littérateur, l'homme de science, tous, pour peu qu'ils fussent juifs, ont obéi à une attraction mystérieuse qui les assemblait autour d'un idéal social identique. Ils ont procédé, sans même s'en rendre compte, à un regroupement de leurs relations, s'éloignant des non-juifs et se rapprochant des Juifs avec qui ils se trouvaient en naturelle communauté de pensée. J'ai vu ainsi des Juifs, qui semblaient avoir perdu jusqu'au souvenir de leur origine, se trouver tout à coup entièrement « rejudaïsés. » J'ai reconnu que le pôle qui les tirait à lui était un marxisme de formule russe.

La plupart vibraient d'enthousiasme en cédant à l'élan qui les transportait. D'autres s'en défendaient, mais mollement. Quelques-uns niaient qu'ils fussent sensibles à l'attrait de Moscou. Mais, pour moi, ils ne différaient guère entre eux que par le degré de complaisance qu'ils apportaient à répondre à cet appel.

Imaginez les Français comme des particules de divers métaux sur un plateau. Les unes sont jaunes comme le cuivre ou l'or, les autres blanches comme l'argent, d'autres, enfin, grises comme l'acier. Toute cette limaille, sous l'action d'influences contradictoires, est agitée d'une sorte de frémissement brownien. Si quelques particules tendent à se rapprocher en vertu d'harmonies secrètes, strictement individuelles, ces affinités, dans la diversité fantaisiste de leurs mouvements, passent inaperçues.

Et voici que tout à coup certaines de ces particules se séparent des autres et prennent une direction unique comme si elles obéissaient à un mot d'ordre. On dirait qu'un courant électrique a passé dans les spires d'un électro-aimant et que son pouvoir d'attraction s'exerce sur les particules d'acier à l'exclusion de toutes les autres. Ainsi les Juifs, à travers la foule des autres Français, se sont trouvés subitement sélectionnés et groupés dans le Front Populaire. Voilà ce qui m'est apparu très nettement.

Rencontre de la Question juive.

J'ai d'abord cherché si le phénomène était aussi général qu'il m'apparaissait. J'ai consulté et j'ai appris que bien d'autres avaient remarqué les mêmes faits. J'ai suivi les Juifs dans l'espace et j'ai vu que, dans tous les pays, ils figuraient en masse dans les groupements violemment réformateurs et les organisations marxistes. J'ai suivi les Juifs dans le temps et j'ai vu qu'à toutes les époques ils avaient été des révolutionnaires obstinés et qu'en particulier ils avaient, comme fondateurs, théoriciens ou praticiens, tenu, dans l'histoire du communisme, un rôle capital, sinon unique.

Après avoir constaté le phénomène, j'ai cherché à l'expliquer. L'esprit juif s'est révélé à moi. J'ai compris quelles étaient pour les Juifs les vertus de Moscou. J'ai compris l'ivresse qui les gagne. J'ai compris ce que j'ai appelé « l'hallucination juive. »

On a beaucoup écrit sur les Juifs et je n'ai pas la prétention d'être très neuf. Si je me flattais de quelque chose, ce serait d'avoir « dépouillé » le sujet, d'avoir isolé, parmi tant de griefs qu'on leur fait, souvent insignifiants ou imaginaires, le grief véritablement majeur, celui qui les rend dangereux pour notre civilisation, dangereux pour eux-mêmes.

Je crois être objectif et pratique.

Juger les Juifs mauvais en tout et les vouloir impeccables, c'est demander qu'ils ne soient plus eux-mêmes. Reconnaître exactement et signaler le quelque chose bien déterminé qui les fait détester, c'est leur rendre service ; car, si on ne peut se refaire en entier corps et âme, on peut, du moins, toujours extirper un vice dont on n'attend que souffrances.

On conviendra que cet antisémitisme modéré est bien éloigné de la frénésie hitlérienne. Non seulement je ne la partage pas, mais je ne la comprends même pas.

Condamnation de l'Antisémitisme raciste.

Je considère comme une véritable maladie mentale cette haine aveugle pour la race juive, cette haine qui lui impute tout à crime et, lorsqu'elle n'a pas de griefs, en crée de toutes pièces, cette haine qui met au nombre des péchés d'Israël le sacrifice rituel d'enfants, les *Protocols des Sages de Sion*, le cuir chevelu envahi par la plique et l'onctuosité mal odorante de la peau.

Cet antisémitisme est cruel.

A supposer que fussent fondées les accusations dont les antisémites de cette espèce chargent la race juive, je ne saurais pas m'associer à une persécution contre les individus qui la composent. Il n'y a pas de fautes collectives et, s'il y en avait, elles ne justifieraient pas une répression collective.

Qu'on tienne rigueur à chaque Juif des manquements dont il a pu se rendre coupable personnellement, sciemment et volontairement contre les lois divines et humaines, rien de plus juste. Mais rendre tous les membres d'une collectivité responsables de fautes non individualisées, rien de plus inique, rien de plus éloigné des sentiments d'un véritable civilisé.

Je ne puis donc trouver en moi que répugnance pour l'antisémitisme raciste hitlérien, inhumain au premier chef, qui frappe sans discernement la femme, l'enfant, l'allié... et les châtie de crimes passés, présents et futurs, involontaires et, d'après lui-même, inévitables, puisqu'ils sont accomplis en vertu d'une nécessité héréditaire.

On dira peut-être que l'antisémitisme moderne ne se porte pas aux mêmes violences physiques que celles déployées par les empereurs romains contre les chrétiens ou par l'Inquisition contre les hérétiques. Soit. Mais je sais qu'il est bien des façons de faire souffrir un homme sans le tourmenter dans sa chair. Les humiliations, les restrictions de droits dont Hitler accable les Juifs, sans être aussi atroces que le bûcher, ne laissent pas d'être horriblement pénibles.

Cet antisémitisme est absurde.

Antisémitisme stupide, au surplus, car la prétention de punir dans chaque Juif le péché de sa race est d'une injustice si exorbitante qu'elle ne peut qu'attirer à la victime des sympathies compensatrices.

Antisémitisme stupide encore, car, s'il est vrai qu'il y ait entre Juifs et non-Juifs une opposition irréductible, il n'aboutit qu'à la renforcer en donnant à ceux qu'il persécute la tentation bien naturelle de rendre haine pour haine, outrage pour outrage et sévices pour sévices.

L'antisémitisme raciste suppose, en tout cas, une réponse affirmative à une question préjudicielle qui domine tout le sujet.

Celle-ci :

Y a-t-il une race juive ?

II

Y A-T-IL UNE RACE JUIVE ?

J'ENTENDS ici par Juifs tous les hommes qui prétendent, à tort ou à raison, remonter au peuple palestinien dispersé il y a deux mille ans et se sentent désignés comme membres de ce groupe par leur nom, leur religion ou leur filiation.

Ainsi définis, les Juifs, répandus dans le monde entier, présentent-ils des caractères communs, susceptibles de mesure : taille, couleur des cheveux et des yeux, forme du crâne, etc.... se reproduisant par hérédité avec assez de constance et de régularité, pour que ces hommes puissent être constitués en catégorie à part, en « race » au sens zoologique que les naturalistes attachent à ce terme ?

Un coup d'œil sur l'histoire, à vol d'oiseau, permet déjà de prévoir une réponse.

Point de vue de l'Historien.

Si loin qu'on remonte dans le passé, on ne trouve pas de race qu'on puisse qualifier de pure. Les Juifs, en particulier, dès le XIIIe siècle avant Jésus-Christ, se présentent comme un mélange intime de deux peuples très différents : les Chananéens et les Hébreux. Jusqu'à l'ère chrétienne, tant d'autres mélanges ont encore eu lieu que les derniers défenseurs de l'indépendance nationale juive, en 70 après Jésus-Christ, ne pouvaient plus guère constituer une race.

Dès cette époque, chez les Juifs, la race — ou ce qu'il en subsistait, — la religion et la nation ne coïncidaient plus. La nation se limitait aux combattants qui disputaient le Temple à Titus et qui, seuls, obéissaient à un gouvernement investi de la souveraineté nationale. Quant à la race, elle avait essaimé hors des frontières. Il y avait des colonies juives dans tout l'empire romain. A Alexandrie, par exemple, presqu'un tiers de la population était juive. Elle avait son temple, vague image de celui du Mont Moria, expression d'une religion décentralisée, contaminée par des apports de philosophie grecque[1].

Le Juif hellénistique parle grec, porte un nom grec, pense grec quelquefois, mais sent toujours très hébraïquement. Seuls, les émigrés du bas peuple, faute d'activité et de curiosité intellectuelles, restent immergés dans la religion originelle, superstitieuse et formaliste.

Ainsi dès cette époque, appelée par les historiens celle de la Diaspora ou de la dispersion, avaient depuis longtemps disparu,

---

1. — « *Philon, au milieu du premier siècle, chiffre à un million ses coreligionnaires d'Égypte ; il y en avait partout, principalement dans les métropoles ; les papyrus les signalent spécialement à Arsinoé, Oxyrhynchos ; à Alexandrie ils occupaient à eux seuls un des cinq quartiers de la ville, mais répandus aussi dans les autres, ayant dans tous leurs synagogues. Ce n'était donc pas le régime du ghetto. Ils formaient cependant une communauté à part, avec un chef, l'ethnarque, d'autres magistrats, les archontes, un conseil des Anciens, le Sanhédrin ; leurs tribunaux propres appliquaient entre eux la seule loi mosaïque.* »

(Victor Chapot, *Le Monde romain*, p. 290).

« *Dans le temps de Philon, ils* [les Juifs] *formaient les deux cinquièmes de la population de la capitale* [Alexandrie]... »

(Cardinal Hergenroether, *Histoire de l'Eglise*, t. I, p. 123) pour Israël, les conditions indispensables pour qu'un peuple maintienne son identité, c'est-à-dire l'unité de langue et de croyance et la contiguïté de ses membres sur un même territoire.

Les grands peuples européens ne sont réputés homogènes que parce qu'ils réunissent ces conditions. Et, pourtant, quelle existence agitée que la leur et que de vicissitudes pour eux depuis deux mille ans

Ce sont tour à tour les Normands en Sicile, les Croisés à Constantinople, les Turcs près de Vienne, les Espagnols en Flandre... Les Français ont fait la conquête de l'Angleterre. Les Anglais ont occupé la moitié de la France pendant cent ans. Ce ne sont que mélanges et déplacements de populations.

On comprend qu'il n'y ait plus en Europe de races nationales. Il ne reste plus guère qu'une seule race dans tout le continent, mal identifiée, mal délimitée, avec seulement, quelquefois et par endroits, des îlots où certains signes se trouvent prédominants et font se ressembler quelques individus que d'autres signes ne laissent pas de rendre dissemblables.

Pourquoi voudrait-on que les Juifs, ayant subi les mêmes tribulations et les ayant subies en quelque sorte multipliées, puisque, étant dispersés, ils étaient soumis à tous les bouleversements locaux à la fois, — pourquoi voudrait-on qu'ils se fussent conservés purs, alors que le reste de l'Europe s'uniformisait par l'effet de ce gigantesque brassage ?

On conçoit d'autant mieux que les Juifs n'aient pas échappé au sort commun que l'on pénètre très facilement le mécanisme par lequel ils s'amalgamaient avec leur entourage.

Apports étrangers.

C'est un fait que la religion juive, que l'on croit si strictement nationale et raciale, si éloignée de tout prosélytisme, a cependant, à différentes reprises, admis dans son sein des groupements exotiques, de race et de confession très hétérogènes [2].

---

2. — « La royauté hasmonéenne ne manqua pas d'éclat ; des conquêtes heureuses, des conversions forcées étendirent rapidement le territoire juif... »

Tout le monde sait que l'on trouve en Chine des Juifs à peau jaune, en Arabie et en Afrique, des Juifs à peau noire. Ce bariolage ne peut tenir qu'à l'incorporation d'éléments étrangers dans la société religieuse juive.

> « *Les Juifs,* dit E. Pittard, *appartiennent à une communauté religieuse et sociale à laquelle sont venus s'agréger en tous temps des individus appartenant à des races diverses. Ces judaïsés ont pu venir de tous les horizons ethniques, tels que les Falachas de l'Abyssinie ou les Allemands de type germanique ; tels que les Tamils,* —, *Juifs noirs,* — *de l'Inde ou les Kazars que l'on suppose être de race turque*[3]*.* »

L'auteur nous offre ici des exemples frappants. La couleur de la peau et d'autres signes font apparaître le disparate saisissant des éléments associés sous le nom de Juifs. Mais, dans notre Europe, où les types extrêmes se sont fondus en un type moyen plus uniforme, ce disparate, moins visible, n'en existe pas moins.

Ces apports, venus en masse ou infiltrés par unités isolées, ont pénétré au plus profond de l'antique Israël, si résistant qu'il pût être à cette imprégnation. Ils ont pénétré par voie de mariage entre Juifs de vraie souche palestinienne, — de plus en plus rares, — et Juifs issus de convertis. Après deux ou trois générations, l'origine étrangère de ces nouveaux arrivés était déjà indiscernable, même pour leurs coreligionnaires, surtout si la famille, entre temps, avait émigré d'une contrée à une autre.

C'est ainsi que les maisons juives les plus fermées, les plus traditionalistes, les plus jalouses de conserver l'intégrité de la communauté, admettaient constamment des éléments étrangers dans leur sein. On dirait, dans la langue des sociologues, qu'en maintenant une rigoureuse endogamie religieuse, elles subissaient, malgré elles et sans le savoir, une véritable exogamie raciale.

(Théodore Reinach, *Histoire des Israélites,* p. 6).
Il y a de nombreux exemples de Gentils intégrés dans la communauté juive.
(Bernard Lazare, *L'Antisémitisme,* tome II, p. 100 et suiv.
A. Leroy-Beaulieu, *Israël chez les Nations,* p. 119 et suiv.).
3. — Eugène Pittard, *Les Races et l'Histoire,* p. 414.

Unions mixtes.

Légitimes ou libres, durables ou passagères, ces unions ont toujours existé.

Elles ont pour effet, il est vrai, beaucoup plus de faire sortir les éléments juifs de la communauté que d'y faire entrer des éléments étrangers. Toutefois le nombre des petits rameaux qu'elles greffent sur le tronc d'Israël est loin d'être négligeable.

Le nom est le plus important facteur de judéification. C'est le patronymique juif échu aux enfants qui fait d'eux des Juifs avoués. Les enfants, nés d'une Juive et d'un non-Juif, restent le plus souvent en dehors de la communauté.

Mais l'antisémitisme a, ici, des effets bien inattendus. C'est ainsi que, dans les derniers lustres qui ont précédé l'avènement de Hitler, il y a eu en Allemagne de nombreux mariages mixtes. On évalue à un quart les enfants qui sont restés dans la communauté. Mais l'ostracisme nazi contre les demi-Juifs a rejeté dans le sein de celle-ci un nombre considérable de métis qui en seraient sortis définitivement. Ainsi les doctrines de Hitler ont un double effet : celui, d'une part, de ralentir la dilution du sang juif dans le sang européen, puisqu'il met un terme tout au moins provisoire à une foule d'unions mixtes, et celui, d'autre part, d'injecter d'un seul coup dans les veines d'Israël un flot de sang aryen qui n'y serait pas entré sans lui.

De nombreux phénomènes de ce genre, avec des variations d'intensité, se sont certainement produits tout au long de l'histoire.

Au XVIIIe siècle, en particulier, siècle de promiscuité sexuelle s'il en fut, les unions passagères ont été nombreuses. Casanova met au tableau de ses chasses amoureuses un lot de belles Juives dont le nombre laisse penser qu'à cette époque et sur ce chapitre il n'y avait pas de frontières bien sévères entre Israël et le monde chrétien.

Qu'on mesure les conséquences. Dès la première génération qui suit une union mixte, c'est un ou plusieurs arbres généalogiques qui s'ouvrent en éventail. Le sang étranger s'y atténuerait à chaque degré descendu, s'il n'y avait plus, après celle-là, que des unions avec des Juifs purs. Mais ce n'est pas le cas. La descendance, au contraire, se recharge en sang étranger chaque fois qu'un mariage se produit, non seulement avec un non-Juif, mais même avec les descendants d'une souche déjà métissée.

C'est ce qui se passe depuis toujours chez tous les peuples d'Europe. Comment le peuple juif, plus désarmé, plus disséminé et plus dépendant qu'un autre aurait-il échappé à cette loi naturelle qui gouverne les autres nations ?

Pogromes et Violences diverses.

Tous les peuples étaient soumis aux violences de la guerre. Elles n'étaient pas épargnées aux Juifs. Il s'y ajoutait seulement les violences de la paix : les pogromes.

Bien que le mot soit russe, parce que la Russie a été la plus ardente au massacre et la dernière à y renoncer, c'est, au moyen âge, un peu partout et de temps en temps, que l'on croyait devoir punir l'usure, la haine du Christ et les autres crimes du Juif. Non pas que la chrétienté se soit montrée systématiquement meurtrière, mais, à défaut de tueries, les brimades plus ou moins cruelles n'ont jamais fait trêve. C'était un droit naturel de reprendre au Juif l'argent que, disait-on, il avait volé et un jeu complémentaire d'exercer sur sa femme et sa fille d'autres droits dont on usait plus généralement dans les villes prises d'assaut.

Point de vue du Naturaliste.

Ainsi donc l'expérience historique semble exclure l'hypothèse d'une véritable consanguinité raciale dans la communauté juive contemporaine.

Demandons à la science de contrôler ces conjectures.

Depuis le siècle dernier, des dizaines de milliers de Juifs, appartenant à toutes les régions du globe, ont été étudiés au point de vue anthropologique, c'est-à-dire examinés sur toutes leurs faces, mesurés dans toutes leurs dimensions. On n'a découvert aucun signe anatomique qui serait juif en propre.

Il n'y a pas plus de race juive qu'il n'y a de race française, allemande, espagnole ou italienne, etc.... Les Juifs présentent les mêmes éléments disparates que présentent tous les autres peuples européens. A défaut de constatations positives, deux remarques s'imposent, qui précisément excluent l'idée de race.

Les Juifs ne se ressemblent pas entre eux.

S'agit-il pour les Juifs du volume et de la forme du crâne — caractère que l'on tient pour privilégié parce qu'il paraît plus que tout autre lié à la valeur intellectuelle — la proportion entre brachycéphales et dolichocéphales varie, comme chez tous les autres peuples, mais varie, suivant la région, de façon plus imprévue et plus déconcertante.

C'est ainsi que parmi les Juifs du Yémen il n'y a que des crânes allongés. Les brachycéphales y sont à peu près inconnus. Au contraire, les Juifs russes ont le crâne rond et les dolichocéphales ne dépassent pas parmi eux la proportion de un pour cent[4]. Ces variations, qui vont d'un extrême à l'autre, montrent avec évidence l'inexistence d'un type physique représentatif du Juif contemporain.

S'agit-il d'un signe récemment découvert, aujourd'hui très en faveur, qu'on tire des propriétés agglutinantes du sang, pas davantage de précision.

On sait que chaque individu est caractérisé par un sang qui a la propriété d'être agglutiné ou non par un autre sang. On a, d'après cette propriété, déterminé des sangs de quatre sortes, dénommés A, B, AB et O, lesquels sont transmis par hérédité suivant certaines lois qui ne souffrent aucune exception.

Les Juifs sont-ils marqués par une prédominance chez eux de l'un ou de l'autre de ces types de sang ? Nullement. Au contraire, comme on va le voir tout à l'heure.

---

4. — Eugène Pittard, *op. cit.*, p. 417 et 422.

Ils ressemblent aux populations qui les entourent.

Chaque groupe juif est doté des signes somatiques de la population dans laquelle il est inséré, ce qui vient corroborer ce que j'ai dit sur les effets des rapprochements sexuels entre Juifs et non-Juifs. Le mélange des sangs qui se fait sur place finit par créer un type local où se dissout ce que le type juif primitif pouvait avoir d'original.

> *« Les Juifs grusiens, par exemple, ont la caractéristique céphalique de la majorité des habitants environnants. »* — *« Le type physique des Juifs caucasiens est rapproché de celui des Arméniens*[5]*. »*

Pour le sang, même remarque. Snyder a rangé tous les peuples du monde dans un tableau qui fait ressortir les proportions de sang A, B, AB et O que chacun d'eux contient. Chacun y figure à une place unique qui le caractérise. Seuls, les Juifs y figurent quatre fois, avec, chaque fois, un sang de même nature que celui des peuples parmi lesquels ils vivent[6].

Dans les nations européennes ; on constate que les Juifs se sont assimilés au type national, dans la mesure où ce type peut se manifester au milieu de la confusion anthropologique qui règne chez toutes.

Aux États-Unis, il semble qu'une assimilation rapide amène les Juifs immigrés à un certain type américain, assez mal déterminé encore, mais qui ressortirait des études poursuivies par l'anthropologiste Boas.

En résumé, pas de race juive. C'est l'opinion généralement admise.

C'est l'opinion qu'exprime E. Pittard, qui, ayant résumé ce que l'on sait actuellement sur les Juifs, conclut :

> *« Arrêtons-nous. Il nous semble que le moins informé des lecteurs conclura qu'il n'existe pas, au sens zoologique du mot, de race juive. »*

---

5. — Eugène Pittard, *op. cit.*, p. 420 et 421.
6. — P. Lester et J. Millot, *Les Races humaines*, p. 122.

C'est l'opinion aussi de P. Lester et J. Millot :

« *L'hétérogénéité physique actuelle des Juifs a été maintes fois mise en lumière ; on n'en continue pas moins à parler d'une race juive... Enfin, nous sommes à l'heure actuelle bien certains que les Juifs ne constituent pas une race véritable, mais un ensemble de communautés ethniquement très disparates et unies, avant tout, par le lien religieux*[7]. »

Ce ne sont même plus des opinions. C'est une vérité scientifique indiscutée.

---

7. — Arthur Ruppin, qui se montre très attaché à la nationalité juive et très jaloux de conserver un caractère spécifique au peuple juif, reconnaît que « *les Juifs eux-mêmes ne peuvent être qualifiés de race pure. Dès l'antiquité, ils furent le produit du croisement de plusieurs races...* » (*Les Juifs dans le monde moderne*, p. 22).
Mais on trouve des Juifs cependant, aujourd'hui encore, pour soutenir sérieusement qu'il existe une « race » juive.
 « *Aussi, dit M. Kadmi-Cohen, parlant d'Israël, le sang qui coule dans ses veines a-t-il conservé sa pureté première et la succession des siècles ne fera que renforcer la valeur de la race : c'est en définitive la prédominance du* jus sanguinis *sur le* jus soli. »
Par cette analogie-juridique, l'auteur semble bien, sous le *droit du sang*, couvrir le *lien du sang*.
Mais il ne faut pas croire sur parole des Juifs, comme Kadmi-Cohen qu'enivre l'orgueil d'une supériorité imaginaire. Ce sont de purs racistes, aussi brouillés avec le bon sens que les hitlériens. Ces exaltateurs du judaïsme font plus de mal à leurs « frères » que les antisémites les plus injustes et les plus hargneux. Ceux-ci me rapprochent d'Israël ; ceux-là m'en éloignent.
Il existe heureusement des Juifs plus clairvoyants.
 « *Sommes-nous bien sûrs,* disait mélancoliquement Rabbi Ulla à Juda ben Yehisquil, *de ne pas descendre des païens qui, après la prise de Jérusalem, ont déshonoré les jeunes filles de Sion ?* »
  (Cité par Bernard Lazare, *L'Antisémitisme*, t. II, p. 100).

III

LES JUIFS

S'IL n'y a pas de race juive, dira-t-on, il y a pourtant des Juifs.

Je dirai plus correctement qu'il n'existe plus aujourd'hui que *des hommes qui se croient juifs et qui se dénomment juifs et, autour d'eux, d'autres hommes qui les croient tels et les appellent de ce nom.* Cependant cette seule croyance a des effets positifs. Elle crée entre ces hommes un état d'esprit commun, une aptitude à sentir, à penser, à vouloir de même.

Qu'on ne crie pas au paradoxe. On dirait avec autant de raison qu'il n'y a plus de Grecs et de Gaulois authentiques. Mais l'esprit grec et l'esprit gaulois ne sont pas tout à fait morts. C'est qu'en effet chez tous les peuples on retrouve le même phénomène.

Permanence de la Mentalité des peuples.

Cette permanence est particulièrement remarquable comparée à leur instabilité zoologique.

La matière ethnique se renouvelle. De nouveaux venus, comme une sorte de limon apporté surtout par le flux et le reflux des guerres, se substituent incessamment aux nationaux. Ce qui ne change pas, ou du moins change si lentement qu'on ne s'en aperçoit guère, ce sont les cadres psychologiques, intellectuels et moraux, dans lesquels cette matière nouvelle se coule et se moule à chaque instant.

Ainsi le fleuve changeant poursuit son cours entre des rives immuables. De même, les cellules de notre corps se trouvent, après un temps, entièrement remplacées et ce quelque chose qui est notre « moi » continue son existence en se reconnaissant identique à la personne antérieure avec laquelle, depuis des années, il n'a plus une parcelle de matière commune.

Le Français d'aujourd'hui ne doit peut-être pas plus d'un centième de son sang au Gaulois dépeint par César, mais il reste grand amateur de nouvelles et arrêterait volontiers les voyageurs pour les faire bavarder. L'Allemand moderne a conservé du Germain de Tacite le goût de l'obéissance et de la subordination, le dévouement absolu au chef.

S'il entrait en France, à chaque génération, c'est-à-dire tous les trente ans, dix pour cent d'étrangers pour remplacer dix pour cent de Français émigrants, il subsisterait, au bout de trois cents ans, un amalgame où les Français d'origine ne seraient presque plus représentés. Mais les nouveaux venus, fondus dans leur descendance, auraient continué la langue, les mœurs et l'esprit de la France. Ils auraient pris nos expressions, nos manières et nos tics.

Si peu qu'ils manquent de généalogistes, les descendants de ces métèques se croiront très naturellement français cent pour cent et se comporteront comme tels. Personne ne s'en étonnera autour d'eux.

Pourquoi le Judaïsme n'a pas été digéré par le milieu.

Je viens de choisir un exemple qui suppose la contiguïté des individus sur un même territoire dans des conditions de vie inchangée, la supériorité intellectuelle et le pouvoir politique aux mains de la nation absorbante et aussi, par hypothèse, les éléments immigrés provenant des sources les plus diverses.

Toutes ces conditions, sauf la dernière, auraient dû jouer contre les Juifs et on peut trouver surprenant qu'après une si longue cohabitation sur le sol d'autrui, ceux-ci n'aient pas perdu jusqu'au souvenir de leur origine. Le fait que le judaïsme, constamment modifié dans sa substance ethnique, constamment dépaysé par ses pérégrinations au milieu des nations, n'ait pas été dissocié et dissous par l'ambiance reste bien difficile à expliquer.

Le milieu a certainement montré de la répugnance à le digérer, mais lui-même a non moins certainement opposé de la résistance à cette digestion.

Je distingue, au milieu de beaucoup d'autres, trois causes plus importantes à cette survivance inattendue :

Le Christianisme.

Non pas, comme on pourrait le croire, parce que le Christianisme se posait en religion concurrente ou antagoniste (l'Église n'a jamais refusé une conversion juive), mais à cause de la consécration qu'il apportait à la religion d'Abraham.

En suivant les progrès de la prédication apostolique et la conquête de l'empire romain par une religion issue de la sienne, Israël éprouva l'orgueilleux étonnement d'avoir donné naissance à une si extraordinaire aventure. Le sort fait à ses livres sacrés, l'importance prise par sa capitale, Jérusalem, lui donnèrent le sentiment obscur, précisé beaucoup plus tard par Renan, d'être le créateur et l'émetteur de la pensée religieuse dans le monde. Il se considéra facilement comme indispensable à l'humanité qu'il avait élevée aux cimes de la conscience morale. Les persécutions firent le reste.

Tout cela n'était qu'illusion. Mais illusion d'autant plus tenace qu'elle ne siégeait pas dans la conscience, à l'état d'idée susceptible d'être discutée, mais gisait, inexpugnable, dans le tréfonds du subconscient.

Israël se fabriqua ainsi un idéalisme artificiel, contraire peut-être à sa vraie nature, contraire certainement à son bonheur, mais qui, devint, par l'effet d'une autosuggestion continue, sa raison majeure, sinon unique, de durer en tant que communauté à part. C'est dans cette première illusion que se loge la secrète origine de l'immense orgueil juif.

L'illusion de la Race.

Cette seconde illusion fut une seconde barrière qui sépara Israël du monde extérieur. C'est la certitude spontanée, partagée par l'entourage non-juif d'Israël, d'appartenir de façon congénitale, invariable et fatale à une famille ethnique d'où il est impossible de s'évader.

C'est parce qu'ils se croient être unis par ce lien, dans le même isolement farouche, au milieu de l'hostilité universelle, qu'aujourd'hui encore le grand banquier de Londres et le petit tailleur de Varsovie se sentent si vivement solidaires [8].

---

8. — Ces illusions persistent de nos jours, aussi vivantes que jamais.
« C'est la tragédie du Juif d'unir deux sentiments contraires dans son âme : le sentiment de sa supériorité et le sentiment du stigmate indélébile. »
(A. Ruppin, *loc. cit.*, p. 248.)
Deux sentiments, deux illusions : — le Juif n'a aucune supériorité sur les autres Européens parmi lesquels il vit ; — s'il y a un stigmate, il n'est pas indélébile. En fait, le judaïsme se prolonge au delà de ce qu'il aurait dû logiquement durer. Mais cette permanence tient uniquement à la conviction sans fondement, mais généralement répandue, que les Juifs constituent une catégorie humaine à part des autres.
S'il y a une tragédie du Juif, c'est de porter en lui à la fois un amour immense de la vie et une irrémédiable inaptitude à en jouir.

Le Patronymique.

Un petit rien en apparence, un fait considérable en vérité. Le patronymique sémite est sans racines communes avec les langues indo-européennes des peuples parmi lesquels vivent les Juifs. Il est en même temps très connu de ces peuples qui n'ont cessé de lire la Bible. Il s'est donc fixé dans un groupe de vocables qui ne prête plus à transformations.

Le patronymique juif a constitué, tout au long des siècles, une sorte de « camp de concentration » moral. Israël s'est toujours efforcé d'y échapper. A l'époque hellénistique, il s'appelait Philon ou Aristobule. En France, de nos jours, il s'appelle Paris, Lyon, Carcassonne ; en Allemagne, Rothschild, Blum ou Bauer ; en Espagne, Gomez ou Valensi... Dans l'Afrique du Nord, il porte des noms berbères : Fitoussi, Timsit... Tous les agitateurs de l'Europe orientale sont connus sous des pseudonymes : Marx, Lassalle, en Allemagne ; Trotsky, Zinoviev, Kamenev, Radek, en Russie[9]...

Mais l'évasion n'est pas toujours facile. L'état civil n'est pas toujours complaisant et des observateurs — non-Juifs curieux ou Juifs amis — mettent un obstacle sérieux à la velléité d'échapper à cet internement à perpétuité dans la prison judaïque. L'intéressé, lui-même, sceptique sur la possibilité de faire peau neuve définitive, balance entre l'avantage de n'être plus Juif et la déchéance de renoncer à une race doublement exceptionnelle, tant pour la mission dont elle est investie par Dieu que pour la malédiction inlassable dont elle est poursuivie par les hommes.

Ainsi donc, pas de race juive au sens zoologique du mot, mais l'illusion que cette race existe et régit les individus, mais une solidarité, non pas imposée par les faits et dérivant de la nature des choses comme celle qui unit les citoyens dans une nation moderne, mais une solidarité purement cérébrale, née d'une fiction historique et d'une erreur de l'esprit.

---

9. — Arthur Ruppin signale avec une douleur non dissimulée l'abandon des noms juifs comme un élément de dissociation du judaïsme.
(*Op. cit.*, p. 284).

On conclura peut-être que cela suffit à constituer une *race* au sens psychologique et sociologique du terme. Pour mon compte, je recule devant ce mot auquel on peut faire signifier tant de choses dangereuses. Je crains surtout cette méprise qui consisterait à attacher à la race sociologique une idée de fatalité héréditaire qui ne convient qu'à la seule race zoologique.

Aussi, cette manière commune de penser, de sentir, de se comporter qui ne me paraît pas un substratum suffisant pour y installer une « race », nous l'appellerons, si vous le voulez bien : *l'esprit juif.*

IV

L'ESPRIT JUIF

Sur l'existence même d'un esprit juif, je ne crois pas qu'on élève de contestation, ni chez les Juifs, ni chez leurs ennemis.

Toute collectivité, aussi bien une équipe de football qu'un orphéon de banlieue, prend, sur certains points et dans une certaine mesure, un esprit qui lui est propre et qui, sous le nom de « mentalité », joue un si grand rôle dans le langage courant. On dit qu'il existe une mentalité cléricale, une mentalité policière. L'esprit de corps n'est pas un vain mot.

A plus forte raison doit-il exister chez les Juifs, reliés entre eux par tant de liens, sinon ethniques, du moins éthiques, historiques, religieux, etc.... En matière psychologique, d'ailleurs, tout ce qui est commun fait lien, même les préjugés, même les erreurs, même les mensonges...

La difficulté commence lorsqu'on veut analyser et dépeindre l'esprit juif. Sur un thème de ce genre, je n'ai pas la prétention d'émettre des vérités d'ordre scientifique. Il y a cependant des vérités d'observation sur lesquelles on peut tomber facilement d'accord. Chaque nation présente des traits de caractère assez bien définis et généralement admis.

Ces traits, en ce qui concerne l'esprit juif, je les réduis à trois et je ne sais si tous les lecteurs y reconnaîtront ceux que l'antisémitisme traditionnel signale à la vindicte des foules — et cependant j'estime qu'ils sont prépondérants.

Idéalisme.

On les représente volontiers comme des réalistes terre à terre, préoccupés uniquement d'intérêts matériels et de « *bedit gommerce.* » Cela, qui est vrai pour un certain nombre d'entre eux, est loin de l'être pour tous. On n'aperçoit pas aisément l'idéalisme juif parce que cet idéalisme n'est pas métaphysicien.

Israël a pourtant toujours été obsédé de morale. C'est un idéalisme enclos tout entier dans le décalogue et dans l'enceinte étroite de la vie pratique. Il n'a souci que de régler, de façon qui le satisfasse, les rapports des hommes entre eux et il n'y parvient naturellement jamais parce que ce qu'il cherche n'est pas dans la nature. L'ère des prophètes n'est pas close. Le Juif a hérité d'eux un amour passionné de la justice. Une longue tradition de révolte contre tout ce qui s'élève, voilà la source de cet amour. Un goût pour les humbles, beaucoup plus théorique que spontané, beaucoup plus conçu que réellement senti, en voilà la manifestation la plus constante.

Les Juifs ne répudient pas cet aspect de leur caractère et la plupart y voient la grande noblesse d'Israël. J'y trouve, au contraire, leur défaut le plus redoutable. *Fiat justifia. Pereat mundus.* C'est une formule transcendantale de vaine rébellion contre la nature qui n'amène entre les hommes que chicanes, querelles, conflits, égorgements.

L'idée de justice est, au surplus, une des plus flottantes et des plus indéterminées qui soient. Il n'y a pas une justice, il y en a vingt. Les Grecs et les Romains avaient déjà plusieurs conceptions de la justice qui ne sont pas les nôtres. Les chrétiens en ont une qui n'est pas celle des Juifs. Pour ceux-là, la justice est un devoir et ils s'inquiètent de la rendre à autrui. Pour ceux-ci, elle est avant tout un droit et elle ouvre la porte à toutes les exigences.

L'intervention des Juifs dans l'action sociale est dictée presque tout entière par ce sentiment. Il s'y mêle à des degrés divers d'autres sentiments moins désintéressés : goût d'une revanche, désir du pouvoir... Mais il faut mettre au premier plan, parmi les mobiles qui meuvent le Juif, ce besoin de justice, fondamental chez lui.

Orgueil.

Curieusement mêlé d'humilité apparente, cet orgueil reste assez secret et n'éclate que par intervalles. Mais il est au fond de toutes les consciences juives. Dans les plus vulgaires, vous le retrouverez sous les formes de la vanité[10].

Cet orgueil grise positivement le Juif et le prive de toute autocritique. Il le rend incapable de tout examen de conscience et imperméable aux avis les plus amicaux. C'est dans le domaine social qu'il se manifeste avec son plus surprenant éclat. Croire qu'on a subitement découvert les lois de la vie en société et tirer

---

10. — Il y a dans A. Leroy-Beaulieu (*Israël chez les Nations*, p. 254) un joli couplet sur la vanité juive.

> « Des parvenus ! La plupart des Juifs de notre connaissance le sont assurément... De là, aussi, cet appétit de titres, de croix, de rubans, de distinctions de toute sorte, dont le Juif semble d'autant plus affamé qu'il en a plus longtemps jeûné, et, qu'en ayant été privé, il est enclin à leur donner plus de prix et à leur trouver plus de saveur. De là encore ce besoin de faire du bruit, de se faire voir, de faire parler de soi, d'éblouir les autres et les siens ; de là ce luxe souvent criard, cet amour des bijoux, des équipages, des fêtes retentissantes, de tout ce qui reluit et tire l'œil... De là aussi, quelquefois, les excentricités d'hommes d'ailleurs fort avisés ; c'est le jeune Disraeli, habillé de velours et de satin, avec ses mains chargées de bagues et ses prétentions de dandy ; c'est Lassalle, le démocrate socialiste, se faisant le chevalier de la comtesse Hatzfeld et jouant sottement sa vie, par amour-propre, pour épouser une jeune aristocrate bavaroise dont la famille ne veut pas de lui. »

de cette connaissance postulée une sorte de droit à modifier les conditions d'existence de tous les hommes, c'est évidemment la plus folle des prétentions. C'est pourtant la prétention d'Israël. Et qu'un nombre considérable de cerveaux modernes — il est vrai, les plus faibles, les plus crédules et les plus intéressés à le croire — en soient venus à partager cette conviction, voilà bien de quoi flatter cet orgueil.

Comme nous sommes loin de cette défiance de soi qui fait une bonne part de la sagesse occidentale et de l'attitude recommandée par Descartes, laquelle consiste à se conformer au monde plutôt qu'à vouloir conformer le monde à soi.

Inquiétude.

Le juif est en constant éveil contre les périls réels ou imaginaires dont il se croit menacé. Il est hanté par le souvenir des persécutions anciennes. Il a mal réalisé que la Révolution française lui avait gagné droit de cité dans tous les pays civilisés. Il a usé de ce droit et peut-être trop largement, comme s'il n'était que provisoire et devait être affermi et étendu. Pour être sûr de rester l'égal des non-Juifs, il est entraîné à vouloir leur être supérieur.

Il n'a suivi Mendelssohn et Lessing[11] qu'en tremblant et, au premier mécompte, s'est vite rétracté dans son isolement. Même dans une atmosphère de sympathie, il est sur ses gardes. Si l'atmosphère est indifférente il la juge hostile. Il a tendance à braver la malveillance avant qu'elle existe, à faire front contre une critique éventuelle avant qu'elle soit formulée.

C'est pourquoi il est difficile d'aborder la question juive avec un Juif. Tout de suite on l'irrite et on le fait souffrir.

---

11. — Mendelssohn et Lessing, amis, Juifs, littérateurs et Allemands, ont été, au milieu du XVIIIe siècle, les initiateurs d'un mouvement d'assimilation de leurs coreligionnaires à l'esprit et aux mœurs des non-Juifs de l'époque. On les a appelés avec raison les *éclairés*. Mendelssohn était le grand-père du musicien de ce nom.

Cette humeur impatiente qu'ils ont tous, dès qu'ils sont ou qu'ils croient seulement être sur le tapis, fait de certains d'entre eux des sortes d'écorchés vivants. Elle leur inspire à tous les mêmes réactions, les précipite aux mêmes refuges. Au moindre bruit toutes les grenouilles juives sautent dans l'étang du Front Populaire. C'est un réflexe de défense. Dans cet étang qu'ils ont creusé, ils retrouvent une tranquillité relative, très relative, car beaucoup d'entre eux sentent bien que cet asile n'est pas inviolable. On peut vider un étang et capturer tout ce qui grouille au fond. C'est même ce qu'a fait Hitler.

De là ce cercle vicieux désespérant. Etre à gauche, toujours plus à gauche, c'est là part, qu'Israël voit son unique salut. D'autre part, Israël n'a d'ennemis sérieux aujourd'hui que parce qu'il pousse l'humanité toujours plus à gauche vers les douleurs et les convulsions d'un enfantement dont on peut prédire avec certitude qu'il tuera la mère et ne donnera le jour qu'à un avorton souffreteux.

Envie.

A ces trois caractères, que j'avais annoncés, de l'esprit juif, je prends sous mon bonnet d'en ajouter un nouveau. Ils seront donc quatre, comme les trois mousquetaires. Celui-ci, à ma connaissance, n'a jamais été signalé. On le contestera sans doute et, pour ma part cependant, je le considère comme très certain, très constant et très significatif. Je veux parler d'une propension à l'envie qui me paraît spécifiquement israélite.

Cette passion ne joue qu'un rôle assez mince chez les païens de l'antiquité classique. Dans quelle religion, autre que la juive, eut-on jamais l'idée de qualifier un Dieu de « jaloux » ? Y a-t-il même un mot, chez les Gréco-Latins pour traduire cette idée ? Le mot latin *invidia* veut dire ressentiment et désir beaucoup plus qu'envie. En tout cas, il n'y a que la loi mosaïque qui ait cru devoir faire un sort à ce sentiment singulier — puiser un sujet d'affliction dans le spectacle du bonheur d'autrui — en le classant parmi les péchés graves, en assez bon rang pour qu'il figure au décalogue⁽¹²⁾.

Le retrouve-t-on chez le Juif contemporain ?

C'est une question d'expérience individuelle. Je demande au lecteur, s'il connaît des Juifs assez intimement pour qu'ils ne camouflent pas trop devant lui leur personnage moral, de faire son enquête et de répondre.

Si ce sentiment existe, il explique bien des choses. A mon humble avis, il est l'élément constitutif principal de la conception sociale d'Israël et le ferment le plus actif de sa passion révolutionnaire.

L'esprit juif, expression d'une « moyenne » psychologique.

Tels sont les traits de l'esprit juif. Ils constituent ce que je discerne de constant à travers l'infinie variété des psychologies

---

12. — Voici l'idée vraiment trop favorable que, vers l'an 100 avant J.-C., les Juifs se faisaient des Romains. Ils ne les connaissaient que de nom.

« *Judas entendit parler des Romains, combien ils étaient forts et puissants et qu'ils montraient de la bienveillance à tous ceux qui s'attachaient à eux et qu'ils maintenaient l'amitié avec leurs alliés... qu'ils venaient en aide à qui ils voulaient, qu'ils faisaient ou défaisaient des rois comme ils voulaient et qu'ils étaient arrivés au plus haut degré de puissance ; et qu'avec tout cela nul d'entre eux n'avait ceint le diadème, ou n'avait revêtu la pourpre pour faire parade de magnificence, mais qu'ils s'étaient créé un Sénat, où, chaque jour, 325 conseillers s'assemblaient pour délibérer sur le bien-être du peuple, et qu'ils confiaient le gouvernement chaque année à un seul homme, qui devenait ainsi le chef de leur empire, et que tous obéissaient à ce seul homme et que, chez eux, il n'y avait* ni envie ni jalousie. »

(Cité par Ed. Montet, *Histoire de la Bible*, p. 94.)

Dans ce texte, intéressant au premier chef à des points de vue très divers, je signale les derniers mots soulignés par moi.

Pour le rédacteur du premier *Livre des Macchabées*, qui dépeint avec tant de complaisance l'esprit et l'organisation politique des Romains, le résultat final de tant de sagesse, c'est d'avoir extirpé l'envie et la jalousie du sein de ce peuple vraiment supérieur. Comme cela révèle bien que, dès cette époque, envie et jalousie sont la plaie d'Israël !

individuelles. Je sais bien qu'il n'y a là que vérité approchée comme le sont toutes les moyennes en statistique. Mais on ne peut étudier les phénomènes mentaux que par des approximations de ce genre et il faut bien que nous les étudiions, puisque il faut aussi, pour régler notre conduite, que nous en ayons une connaissance quelconque, exacte ou non. Le principal est donc de n'accueillir ces approximations qu'avec prudence, de ne pas leur faire signifier plus qu'elles ne disent, c'est surtout de ne pas croire qu'elles justifient à l'égard des individus, pris isolément, une attitude haineuse ou agressive.

Cet esprit juif, d'ailleurs, est loin de coïncider toujours avec les indications de la religion et de l'état civil. Tous les Juifs n'ont pas à la fois et au même degré cet idéalisme, cet orgueil, cette inquiétude. Certains même, mais ils sont bien, bien rares, en sont tout à fait dépourvus. Il y a aussi, comme on peut le penser, en dehors de la communauté juive, beaucoup d'hommes qui sont idéalistes, orgueilleux, inquiets.

On pourra même dire que, si l'esprit dénommé ici juif est aussi irrégulièrement contenu dans les cadres de la communauté, il est désobligeant, abusif, voire injuste, de le présenter comme spécifiquement juif.

Je ne le crois pas, surtout si l'on veut bien noter que je ne le donne pas comme *spécifiquement*, mais comme *plus particulièrement* juif. Et puis il y a des faits qu'il faut bien expliquer.

C'est un fait qu'on ne peut pas ne pas voir qu'une action sociale proprement juive s'exerce, étroitement liée à l'action prolétarienne mondiale. Ce sont des Juifs qui ont déclenché le mouvement, tout au moins sous sa forme internationale. Partout où le prolétariat combat sous ce drapeau, c'est Israël qui commande. Partout où il triomphe, c'est Israël qui tire de la victoire les bénéfices les plus certains [13].

---

13. — Ces bénéfices vont à un compte de « Profits et Pertes » dont le solde n'est encore connu de personne.
En Russie, par exemple, la Révolution bolcheviste a amené les Juifs au

N'est-ce pas un fait extrêmement surprenant en vérité et qui prête à méditation que la Russie bolcheviste soit livrée à un clan dirigeant qui compte au moins soixante-quinze pour cent de Juifs ?

Cela, ce sont des chiffres qui le disent. Et on va les entendre parler tout à l'heure.

J'apporte donc une explication, la plus bienveillante de toutes, et j'invite les Juifs qui me liront à ne pas la récuser trop vite, car elle est aussi pour eux la moins nocive de toutes.

Dans l'organisation du chambardement universel auquel nous assistons, il entre de l'idéal, qu'on a coutume de considérer comme noble, et des appétits grossiers. Je fais bien belle la part d'Israël, puisque je lui attribue l'Idéal comme apport, en laissant en propre, au prolétariat, les appétits.

——•◆•——

---

pouvoir. C'est un gain. Mais elle a ruiné la situation de fortune des Juifs enrichis. C'est une perte.
Il n'y a de bénéfice, relatif mais certain, que lorsqu'on compare les profits que tire d'une révolution le Bertrand juif et ceux qu'en tire le Raton non-juif.

V

MANIFESTATIONS SOCIALES

DE L'ESPRIT JUIF

L'ESPRIT juif ne serait guère gênant, si, bornant son empire à la maison d'Israël, il ne portait pas au delà de funestes ambitions, s'il ne se mêlait pas d'intervenir dans les relations des non-Juifs entre eux et d'exercer son action sur les destinées de l'humanité tout entière.

Mais l'esprit juif ne se contente pas de conquêtes discrètes. Il est révolutionnaire, c'est-à-dire qu'il vise à transformer notre société totalement, brusquement, violemment.

Totalement, parce qu'il intervient à la fois dans tous les domaines : il veut changer le régime politique, l'ordre économique, les mœurs... Il veut « refaire » l'homme, lui donner une conscience nouvelle en le pétrissant dès l'enfance suivant un idéal rationnel absolu qui ne saurait souffrir de discussion.

Brusquement, car cet idéal ne peut attendre. Infaillible par essence, il n'admet ni objections, ni études, ni expériences. Il apporte le mieux, sinon le parfait, et le mieux ne serait pas le mieux, s'il acceptait d'être remis à plus tard.

Violemment. C'est le droit du mieux de s'imposer par tous les moyens, même les plus durs, les plus sanglants. La grandeur du but les justifie tous par avance.

On voit que je prends le mot « révolution » dans son sens le plus moderne.

Il ne s'agit pas de révolutions au ralenti comme celles que dépeint Fustel de Coulanges.

> « *Il y a eu dans l'existence des sociétés humaines un assez grand nombre de révolutions dont le souvenir ne nous est fourni par aucun document. Les écrivains ne les ont pas remarquées parce qu'elles s'accomplissaient lentement, d'une manière insensible sans luttes visibles ; révolutions profondes et cachées qui remuaient le fond de la société humaine sans qu'il en parût rien à la surface et qui restaient inaperçues des générations mêmes qui y travaillaient.* »

De telles révolutions ne peuvent être jugées d'un autre point de vue que celui du naturaliste, car elles ont quelque chose de fatal comme les transformations biologiques. Elles touchent des classes, c'est-à-dire des espèces sociologiques qui ne pensent ni ne souffrent. Elles épargnent les individus. S'il y a changement appréciable, c'est entre le sort d'un grand-père et celui de son arrière-petit-fils. Les vies intermédiaires n'en sont pas sensiblement déréglées.

Plût au Ciel que nous n'ayons pas à connaître de mutations plus brusques ! Hélas ! la Révolution que médite le Juif est agressive et expéditive. Elle attente à une même génération qu'elle malaxe, décime ou extermine, s'il lui plaît, complètement. Elle a fait ses preuves en Russie et nous savons quelles sont ses méthodes.

Le Juif donc est révolutionnaire. Il s'identifie à la révolution. Il est la révolution même[14].

Voilà ce qui doit ressortir de ces pages.

Principes du Marxisme.

Pour bien fixer les idées, résumons les doctrines dont j'attribue la paternité aux Juifs.

C'est en 1867 que la question sociale, dont notre siècle est universellement préoccupé, a reçu d'un Juif de Trèves, Karl Marx, des solutions qu'il croyait définitives et qui sont devenues les principes de tout le mouvement révolutionnaire contemporain.

Karl Marx a pris le contrepied des idées que nous sommes habitués à tenir comme vraies depuis toujours et même à considérer comme scientifiquement démontrées depuis cent cinquante ans.

On pensait en effet que pour accroître l'aisance du plus grand nombre dans la collectivité humaine, il suffisait de multiplier les produits. La question sociale était un *problème d'abondance*.

---

14. — C'est là un truisme si patent qu'on ne trouve pas un Juif qui n'en convienne.

> « *Ne craignez point ou ne craignez plus les idées hardies, les idées révolutionnaires vers qui votre nature vous porte, irrésistiblement, comme l'eau à la mer.* »
>
> (Pierre Créange, *Épîtres aux Juifs*, p. 147.)

On pourrait remplir un gros volume de citations, empruntées à la littérature juive moderne, aussi explicites ou presque aussi explicites que celle-là. Les Juifs soulignent volontiers qu'il y a un lien de cause à effet entre le judaïsme et le marxisme.

> « *Ce n'est point par une inattention de la Providence qu'un Marx, qu'un Lassalle ont été Juifs.* »
>
> (Léon Blum, cité par Marcel Thiébaut, *En lisant M. Léon Blum*, p. 71.)
>
> « *Croyez-vous donc que c'est par hasard qu'au berceau du socialisme contemporain se trouvent les Juifs Marx et Lassalle ; que, maintenant encore, parmi les théoriciens du socialisme, les Juifs occupent la première place ?* »
>
> (Max Nordau, *Écrits sionistes*, p. 159).

On disait innocemment : « *Enrichissez-vous* », avec la conviction que toute fortune, même réalisée par un seul, améliorait le sort de tous. Le spectacle des faits économiques confirmait cette façon de voir. Sous le régime de la libre propriété individuelle, en effet, l'histoire ne raconte que l'accession de plus en plus large des masses à des conditions de vie considérées comme plus favorables au bonheur.

Le fondateur du Communisme et du Socialisme, — je confonds ces deux disciplines, car il n'y a entre elles que différences minimes et surtout de tactique, — Karl Marx, a changé tout cela. La question sociale ne serait plus un problème d'abondance, mais un *problème de répartition*.

Aucune fortune ne serait légitime, car elle ne saurait s'être constituée qu'au préjudice de la communauté des hommes et, plus spécialement, d'une catégorie d'entre eux, les ouvriers, qui nourrissent tous les autres. « *Enrichissez-vous* » est devenue une parole impie, plus que toute autre exécrable, qui suffit à condamner tout le régime économique existant. Aucune initiative, aucune création ne justifie une part privilégiée dans le produit total de l'industrie humaine. Toute part privilégiée est nécessairement le résultat de l'exploitation d'un homme par un autre homme.

Valeur du Marxisme.

Notre objet n'est pas de discuter ici cette conception. Elle l'a été ailleurs surabondamment. Qu'il nous suffise de noter qu'elle est improuvée par le raisonnement et démentie par l'expérience[15].

---

15. — Karl Marx, évidemment, n'est pas le premier homme qui ait jugé que les biens de ce monde n'étaient pas répartis à son goût. On peut dire que cette idée, en tant qu'expression des mécontentements individuels, est aussi vieille que l'espèce humaine. Elle a même, chez les Hébreux anciens, passé du plan individuel sur le plan social. Elle a été le thème favori de la littérature prophétique : celui du Pauvre et du Méchant. Mais ce n'était encore qu'affaire de sentiment.

C'est Karl Marx qui a construit sur cette idée une théorie systématique

En raison, elle repose sur des théorèmes faux, des observations inexactes ou incomplètes, bases d'échafaudages logiques peu solides.

En fait, malgré ses prétentions, elle se montre malhabile à assurer le bonheur de l'homme.

La grande expérience marxiste, poursuivie depuis vingt ans en Russie, a fait des ouvriers russes de véritables esclaves, attachés à leur usine et à leur travail comme le *janitor* romain l'était, par une chaîne, à la porte qu'il gardait.

Aussi la révolution russe tend-elle à revenir à des pratiques économiques moins outrancières. Les salaires privilégiés reparaissent et la vie redevient tolérable pour les intellectuels et quelques ouvriers particulièrement agiles, mais pour eux seuls.

Les meneurs de la révolution se constituent en aristocratie. On verra tout à l'heure que ces meneurs sont presque exclusivement des Juifs.

L'exemple tragique de cette révolution suffit à montrer les troubles que le marxisme apporte dans le monde. La Russie a payé, du sacrifice de toute liberté individuelle et de six à sept millions d'existences, la jouissance d'un état social dans lequel le standard de vie de l'ouvrier reste très inférieur à celui des autres peuples, encore attachés à la formule de l'économie naturelle.

Séduction du Marxisme.

Etant donnés ces résultats, pour le moins décevants, on peut s'étonner de la puissance d'expansion de cette doctrine, représentée aujourd'hui sur tous les points du globe. C'est que le marxisme fait appel à deux ressorts de l'âme humaine que l'on ne sollicite jamais en vain : les appétits et les sentiments.

Il dit aux ouvriers que tout ce qui fait la fortune individuelle ou collective a été fabriqué par eux et, en bonne justice, leur

---

à apparence scientifique. Je dis bien *apparence scientifique*, car il étudie, avec les procédés de la méthode rationnelle, des phénomènes qui, par leur nature, relèvent de la méthode expérimentale. Rien d'étonnant à ce qu'il aboutisse le plus souvent à des contrevérités éclatantes.

appartient, que la reprise de tous ces biens est le plus évident des droits et que la révolution leur assurera la récupération de tout ce qu'on leur a pris. On imagine facilement que de tels propos doivent être écoutés.

Dans son essence, on le voit, le marxisme est une doctrine de spoliation et de haine qui fait de la « lutte de classes » son principe majeur. Il ne recherche ni une conciliation des intérêts, ni une fusion de classes. Il déclare les intérêts antagonistes et les classes ennemies, irréductiblement. Il n'a qu'un programme, c'est supplanter et prévaloir.

L'appel au sentiment n'est pas moins efficace.

Le marxisme a composé un tableau attendrissant de la misère ouvrière. Il a mis en circulation l'idée de l'éminente dignité du travailleur manuel, laquelle lui assurerait une primauté de rang et une priorité de droits sur toutes les autres classes. On ne compare guère le sort de l'ouvrier contemporain à celui de l'ouvrier d'il y a cinquante, cent ou cinq cents ans. Ces comparaisons serviraient le régime actuel qu'il s'agit de discréditer. On compare sa situation à celle d'un homme idéal dressé dans l'avenir et tel que le marxisme promet de le faire. Un tel tableau ne peut être qu'attrayant. Il sera aussi fascinant qu'on le désire, puisqu'un peu d'imagination suffit à l'embellir.

Le spectacle de ses misères remplit l'ouvrier d'une amertume qu'il ignorait avant qu'on les lui ait fait apercevoir. Mais c'est la sensibilité bourgeoise surtout qui s'en émeut. Elle évoque le taudis qu'on lui suggère et le compare à sa propre aisance. Faisant abstraction de toutes différences d'habitudes et d'éducation, elle souffre par la pensée les maux qu'elle imagine et le bourgeois, en pleurant, s'en reconnaît ingénument l'auteur.

Il ne se rend pas compte que le bonheur est très faiblement lié aux conditions économiques et qu'un ouvrier de chez Renault, même s'il travaille huit heures par jour, présente une aptitude à être heureux égale à celle d'un boursier qui ne travaille que cinq heures. C'est un coefficient d'ordre personnel beaucoup plus que social qui fait les hommes joyeux ou désespérés.

Image du Marxisme dans le passé.

Il y a quelque originalité dans l'appareil logique sur lequel s'appuie le marxisme. Il n'y en a aucune dans les buts qu'il poursuit et les moyens qu'il met en œuvre.

Notre civilisation, aujourd'hui, se trouve dans la même position que la civilisation finissante de Rome ébranlée par l'assaut des barbares, minée par la foi des chrétiens.

Comme les Vandales, les Goths, les Huns, la classe ouvrière poursuit une vaste entreprise de dépossession. Comme Alaric sur le territoire romain, elle est campée au milieu de la bourgeoisie. Là, elle fourbit ses armes et multiplie ses sommations impérieuses. Ce qui ne l'empêche pas, entre temps, de quémander assez humblement de petits avantages et de pratiquer simultanément, avec une inconsciente impudeur, la double politique du poing fermé et de la main tendue.

Quant à la bourgeoisie, pareille aux empereurs de la décadence, elle n'a pas le courage, je fie dis pas de combattre, mais de regarder en face le danger. Elle cède toujours. Elle paye tribut à Jouhaux, comme Théodose II à Attila.

Je ne m'indigne pas de cette conquête. C'est une guerre comme une autre, une manifestation de la force au-dessus de qui, suivant la parole de Nietzsche, il n'y a pas de force. J'admets même que qui ne sait défendre sa maison, mérite de la perdre.

Ce que je regrette, ce n'est pas la bourgeoisie impuissante et lâche. C'est le monde dans lequel nous vivions. Il n'était pas parfait, mais il s'améliorait graduellement et celui qu'on nous propose d'habiter est une terre de désespoir et d'horreur...

Je me refuse surtout à être dupe des justifications dont on entoure cette conquête, des tartufferies empruntées à la science, à la morale et au sentiment dont on veut légitimer cette opération de vol à main armée. Je conçois cependant que ces habiletés font partie des armes de guerre, car elles apportent la foi aux assaillants et la démoralisation à l'adversaire.

C'est cette foi qui fait ressembler le marxisme à une religion et les marxistes aux premiers chrétiens. La plupart ont la croyance enracinée qu'ils apportent au genre humain la paix définitive et le bonheur parfait. Par-dessus la haine qui est le moteur de leurs actes présents, ils tendent vers l'avenir une âme débordante d'amour. Ils confondent, sans en avoir conscience, les intérêts qu'ils s'efforcent de satisfaire et l'idéal qu'ils croient servir.

Rien de plus actif et de plus insinuant que cette foi de novateurs. Rien de plus contagieux aussi. Tous les jours elle fait des conversions dans la classe menacée elle-même, conversions souvent brusques comme celles de saint Paul sur le chemin de Damas ou de Pauline dans *Polyeucte*. Instantanément la nature prend des couleurs nouvelles. La table des valeurs morales est remplacée par une autre — et voilà l'homme transfiguré, le néophyte prêt à distribuer son bien aux pauvres et à subir le martyre.

Image du Marxisme dans l'avenir.

Il ne semble pas que l'avènement au pouvoir de la classe ouvrière puisse aboutir à autre chose qu'à un nouveau moyen âge. C'est-à-dire à une société stationnaire, stabilisée, cristallisée, — soumise à des autorités intellectuelles, à des normes morales inattaquées, — astreinte à des règles de conduite immuables, — esclave de la lettre, épouvantée de l'esprit, — hostile aux non conformistes et armée contre eux. Par-dessus ce troupeau, une aristocratie bureaucratique, dévorée d'ambitions et enragée de changements, juive comme bien l'on pense, se livrera des combats incessants sournois et impitoyables, ressemblant beaucoup plus aux luttes sourdes de la Bourse qu'aux chevauchées des Croisades. Même si ce troupeau devait être gras et de poil lustré, ce serait un enfer pour moi d'en faire partie.

Pour les esprits libres, ce ne sont pas là des promesses réjouissantes.

D'où souffle le Vent révolutionnaire ?

Le marxisme n'est encore, heureusement, que la doctrine d'un parti. Il subsiste encore un monde autour de lui, malheureusement un monde qui sent peu, qui prévoit mal et qui n'a guère de réactions. Parmi les hommes attachés à la besogne dont ils vivent et qui, par instinct, préfèrent un sort médiocre aux bouleversements les plus prometteurs, la plupart craignent les révolutions, mais ils ne font rien pour les prévenir ou les endiguer.

Les révolutions, quoi qu'en disent les révolutionnaires, ne sont jamais l'œuvre des masses. Une poignée d'hommes anime un parti et un parti de deux ou trois cent mille agités subjugue un État de quarante millions d'habitants. La révolution dont, en France, nous observons les symptômes ne manque pas à cette règle. Il y a en elle une force consciente et volontaire qui coagule et exploite les mécontentements.

Quelle est donc la force qui meut l'action marxiste ? Elle émane de Moscou. Elle rencontre çà et là d'autres forces, dont elle se fait des auxiliaires et qui servent ses desseins sous le nom de « Front Populaire. »

Or, qui trouvons-nous à Moscou, à l'origine de ce mouvement ? Des Juifs presque uniquement.

Qui trouvons-nous dans les différents « Fronts Populaires » ? Des Juifs encore. Pas uniquement, car ces Fronts comptent plus d'adhérents que n'en peut en fournir l'effectif total des Juifs dans chaque pays.

Mais l'effectif des Juifs y figure, — et c'est cela qui compte, — tout entier ou à peu près tout entier.

Il existe du moins un pouvoir central révolutionnaire, dénommé IIIe Internationale, dont les Juifs de Moscou tiennent le gouvernail. C'est pourquoi je dis que la minorité qui fait la révolution mondiale est juive.

VI

L'ACTION SOCIALE JUIVE

*E*NTENDONS-NOUS bien :

**Il n'y a pas de plan juif de
conquête mondiale.**

Je sais que les *Protocols des Sages de Sion* sont un faux et je ne crois pas aux plans préconçus, poursuivis à travers les générations, par des groupes d'hommes toujours unis dans leurs idées et dans leur action, qu'ils soient le Sénat romain ou l'Ordre des Jésuites.

Je n'admets donc pas qu'il y ait, dans quelques cerveaux juifs, un dessein secrètement concerté de révolution mondiale et, quelque part, un pouvoir occulte spécifiquement juif faisant exécuter ce dessein. Mais tout se passe à peu près comme s'il en était ainsi.

Je n'ai pas oublié ma thèse : les Juifs ne sont liés que par des nœuds fictifs ; imaginaires, qu'une conscience claire des réalités suffirait à faire évanouir. Malheureusement les Juifs n'ont pas cette conscience de la réalité, puisque, être Juif, c'est précisément ne pas l'avoir. Ils restent soudés par l'idée qu'ils appartiennent à un bloc naturel, homogène, indissociable, — tant il est vrai que les chaînes les plus fortes sont celles que nous nous forgeons à nous-mêmes.

Pourtant il y a une corrélation certaine entre l'esprit juif et l'esprit révolutionnaire.

Mais il y a conquête en fait.

Qu'on remarque d'abord la parenté psychologique qui existe entre l'esprit juif et l'esprit révolutionnaire.

Le but de la révolution, c'est de faire cesser l'exploitation de l'homme par l'homme. C'est par conséquent de « faire régner la justice. » Vous retrouvez ici l'idéalisme juif.

Il faut pour cela que la révolution « reconstruise la société » sur plans nouveaux, sans transition et par tous les moyens, conformément aux exigences de l'infaillible raison. Vous retrouvez, ici encore, l'orgueil juif.

Ce rapprochement à lui seul n'aurait pas une grande force probante. Mais il devient très significatif, lorsqu'on remarque que, aussi bien à l'origine des doctrines marxistes que dans toutes les manifestations qui en découlent, les Juifs sont constamment présents.

C'est une question de statistique. La conviction en ressort avec une criante évidence. Les Juifs mêmes ne songent pas à nier le nombre démesuré des leurs mêlés à l'aventure marxiste, comme adeptes déclarés ou tout au moins comme sympathisants plus ou moins édulcorés. En France il n'y a qu'un nombre imperceptible de Juifs qui soient en dehors de ces partis qui forment le Front Populaire.

C'est cela qu'avec des chiffres je voudrais mettre en lumière.

Proportion tolérable des Juifs dans l'effectif révolutionnaire.

Pour bien comprendre le langage que vont nous tenir les chiffres, examinons d'abord dans quelle proportion les Juifs pourraient normalement, sans choquer qui que ce soit, figurer dans l'armée révolutionnaire.

Ils constituent les 2,5 p. 100 de la population européenne. Il n'y aurait donc, à première vue, aucune objection à ce qu'ils figurent pour 2,5 p. 100 dans les partis révolutionnaires européens ou les gouvernements qui favorisent ces partis. En France, par exemple, où l'élément juif ne représente pas la centième partie de la population, la proportion de 1 p. 100 ne devrait pas être dépassée.

A la réflexion, ce serait encore beaucoup trop. En effet, le marxisme se donne pour objet la mainmise du prolétariat sur l'État capitaliste. Il ne devrait donc en bonne logique compter que des ouvriers.

Les Juifs, que je sache, ne sont pas ouvriers. S'ils n'obéissaient pas à des inspirations ou à des attractions spécifiquement juives, s'ils sentaient, et pensaient comme la généralité des hommes de leur classe, où ne devrait les trouver dans les troupes socialo-communistes que dans la mesure où on y trouve des bourgeois non-juifs.

Je vous épargne les calculs qu'on pourrait établir sur ces données et je retiens seulement de cette remarque que la teneur en judaïsme des partis avancés devrait être en France encore bien inférieure, et de beaucoup, au taux de 1 p. 100 dont je viens de parler.

Si cela était, ils ne se distingueraient en rien des autres citoyens et il ne viendrait à l'esprit de personne de les en distinguer.

Malheureusement, il en va tout autrement. Ils sont presque tous dans le même plateau de la balance et ils s'y démènent comme de beaux diables pour remplacer par de l'agitation le poids qui fait défaut.

Ils ne sont qu'une minorité dont la puissance intrinsèque ne serait pas grande. Mais ils deviennent redoutables comme meneurs. Leur action n'est pas toujours également visible. Qu'on prenne cependant la peine de la découvrir et on aperçoit dans l'élaboration des doctrines, l'exécution des coups de main, l'exploitation du succès, des Juifs, en grand nombre, en nombre toujours plus grand.

Nous allons les regarder à l'œuvre maintenant, tant dans les révolutions politiques, où il ne s'agit que de changer le statut constitutionnel, que dans les révolutions sociales, où il s'agit de remettre en forme la société tout entière dans sa structure politique économique et morale.

Rôle des Juifs dans les Révolutions politiques du XIXe siècle.

Les Juifs ont-ils fabriqué les révolutions de toutes pièces ? Les antisémites sont enclins à le croire.

N'ont-ils au contraire que collaboré, mais avec prédilection, à des œuvres qui se seraient faites sans eux ? Cela, Bernard Lazare le concède sans difficulté. La vérité est entre ces deux extrêmes. Mais il faut reconnaître, et Bernard Lazare n'y manquerait pas, que l'intensification et la généralisation de l'activité subversive juive, devenues si manifestes depuis la grande guerre, détournent de plus en plus l'observateur désintéressé de la seconde hypothèse vers la première.

Notre révolution de 1789 donne un signal. Des Juifs, l'Assemblée Constituante fait des citoyens. Dans cette tragédie, ils ne sont encore que des comparses, mais déjà des comparses passionnés. Ils payent naturellement leur tribut à l'échafaud, mais un tribut de Jacobins. Trois d'entre eux sont guillotinés : Joseph Ravel, membre de la Commune, Isaac Calmer, président du Comité de surveillance de Clichy, Jacob Pereyra, membre du parti des Hébertistes[16].

---

16. — Les Juifs ne sont pas à l'origine de l'esprit jacobin comme trop

Dans les années qui suivent, c'est l'Allemagne qui devient le centre de l'agitation juive. Dans le premier quart du XIXe siècle, des associations surgissent, *La Jeune Allemagne, L'Union des Juifs pour la Civilisation et la Science*, conçues, créées et dirigées par des Juifs comme Édouard Ganz, Moses Moser, Gustave Kühne, etc....

C'est une époque pleine d'intérêt. Israël s'efforce de monter sans délais et sans étapes à la surface de la société. Il y parvient. Il y a à Berlin un monde juif et des salons juifs : ceux d'Henriette de Lemos et de Rachel de Vernhagen, par exemple. Il y a des intellectuels juifs : Henri Heine touche au génie. Il y a des conversions faciles à un christianisme de pure forme. Mais, à cette époque, être libéral, c'est être séditieux. Les Juifs sont donc libéraux et déjà révolutionnaires. A distance nous percevons mal et comprenons mal les perturbations qui remuent cette Allemagne romantique. Mais lorsqu'ils sont des observateurs expérimentés, les contemporains voient et jugent. Voici ce qu'écrivent deux d'entre eux, scrutateurs professionnels de l'opinion et compétences sûres, s'il en fut.

Disraeli. « *La révolution formidable qui actuellement même se prépare et se brasse en Allemagne... se développe tout entière sous les auspices du Juif à qui est échu le monopole presque complet des chaires professorales.* »

---

d'antisémites, défenseurs du génie chrétien, sont enclins à le croire. Sur ce chef d'accusation, ce n'est pas Israël, c'est la Franc-Maçonnerie qu'il faut incriminer. Les Juifs sont à l'origine de cette « foi » nouvelle, de nature sociale ou, mieux, économique, ayant les caractères d'une foi religieuse et dont le marxisme est l'expression la plus précise.
Ces deux esprits, l'esprit jacobin et l'esprit socialiste, sont très différents l'un de l'autre, sinon contradictoires. Le premier visait à libérer l'individu ; le second tend à l'enchaîner. Il y a loin de l'individualiste Henri Heine au communiste Karl Marx. Lénine a cru continuer Robespierre. Ils étaient tous deux révolutionnaires, oui, mais ils n'accomplissaient pas la même révolution.
Je ne cite donc ici des Juifs, acteurs et victimes de la Révolution, que pour montrer le goût individuel des enfants d'Israël pour les bouleversements sociaux, indépendamment des buts poursuivis.

Metternich. « *En Allemagne, les Juifs jouent les premiers rôles et ce sont des révolutionnaires de premier ordre. Ils deviennent un fléau pour l'Allemagne... Mais ils connaîtront probablement un lendemain qui leur sera néfaste.* »

Le premier est Juif. Il voit les faits, mais, faute d'autocritique, il n'en voit pas les conséquences. Le second n'est pas Juif. Ses vues, sur le péril juif et l'antisémisme qu'il porte en germe, sont saisissantes et mériteraient un chapitre de commentaires. Je ne puis m'y attarder.

Dans l'Europe effervescente de 1848, encore des Juifs avec une notoriété et des succès divers... Daniel Manin soulève Venise ; Robert Blum est fusillé à Vienne...

Pourtant, si, dans les révolutions politiques, les Juifs apparaissent partout, ils ne tiennent pas toute la place. Ils font encore l'apprentissage de leur métier de fauteurs de mésintelligence entre les hommes, métier dans lequel ils vont se spécialiser et passer maîtres.

Déjà, l'un d'eux élabore dans son cabinet cette philosophie de la justice et de la discorde qui sera le marxisme...

Rôle des Juifs dans la Révolution sociale.

Le Capital, bible du marxisme, a paru en 1867. Mais Karl Marx prêchait sa doctrine depuis plusieurs années déjà !.

Au meeting ouvrier tenu à Londres en 1864 et dont est sortie l'*Internationale*, les Juifs sont nombreux. Karl Marx, qui en est l'initiateur, y est secrétaire pour l'Allemagne et pour la Russie, Cohen pour le Danemark.

> « *Outre Marx et Cohen, on peut citer Fribourg, Lœb, Haltmayer, Lazare et Armand Lévi ; Léon Frankel, qui dirigea la section allemande à Paris ; Cohen, qui fut délégué de l'association des cigariers de Londres au Congrès de l'Internationale tenu à Bruxelles en 1868 ; Ph. Coenen, qui fut, au même congrès, délégué de la section anversoise de l'Internationale, etc....* »

En Allemagne même, d'autres Juifs commentent et vulgarisent Karl Marx : Ferdinand Lassalle, qui fonda le parti avec lui, Edouard Bernstein, à la fois fidèle et dissident qui rend à la religion nouvelle le service de susciter son premier schisme ; Moses Hess, Johann Jacoby, P. Singer, président attitré de presque tous les congrès ; Karl Hoeschberg, fondateur de la première revue socialiste, etc....

Parmi les communistes — c'est le nom que se donnent les marxistes de la première heure — il n'y a guère qu'Engels qui ne soit pas juif.

Puis, sous des formes diverses, atténuées ou virulentes, le marxisme déferle sur l'Europe et bientôt sur le monde. Il envahit tout, par infiltrations patientes ou par rushes hardis, et ce sont des noms juifs qui partout servent d'enseignes aux troupes envahissantes.

En Allemagne, nous trouvons Hugo Haase, Clara Zetkin, Rosa Luxembourg, Bruno Schoulank, Joseph Block, Gradnauer, Hugo Heimmann, Leo Arons, Ludwig Frank, Paul Lévi... En Autriche, Aaron Libermann, Victor Adler, Fritz Adler, Otto Bauer, Fritz Austerlitz, F. Hertz, Thérèse Schlésinger, Eckstein, Adolf Braun et le docteur Diamand... En Roumanie, Dobrojanu Ghérea... Aux États-Unis, Gompertz, Kahn et Lion... et, peut-être aussi, plus récemment, le combatif et tumultueux Lewis dont le nom a rempli les journaux pendant cette dernière année.

Notons cependant qu'en France, pendant la période de propagande sans profit, ce ne sont pas les Juifs qui se sont le plus dépensés. Il y avait d'abord un socialisme français qui occupait déjà les esprits où le marxisme voulait s'installer. Et puis, les Juifs français, bien assimilés tout au moins en apparence et pensant français, en étaient restés, comme nous, au jacobinisme libéral revu par la critique de Proudhon. Comme nous, ils ne goûtaient qu'à demi la dialectique fumeuse de Marx et de Engels.

Pour les rattacher à l'action internationale du judaïsme, il faudra l'affaire Dreyfus d'abord et, par la suite, après la grande guerre, l'exemple des Juifs en Russie et l'antisémitisme allemand.

Aujourd'hui, se réveillant d'un assoupissement qui n'a pas assez duré, l'esprit des Juifs français s'est remis à judaïser ardemment. Il a suffi pour l'exciter et le faire piaffer, d'un coup de trompette parti des créneaux du Kremlin.

Voyons maintenant comment a opéré la révolution marxiste dans les quelques pays d'Europe où elle a pu tenter sa chance. Elle n'a pas réussi à se maintenir partout, mais nulle part Israël n'a déposé les armes. Il n'a renoncé que provisoirement et, partout, il se prépare à revenir à l'assaut.

La Révolution juive en Russie.

Israël passe tout au premier plan de la révolution mondiale, lorsque la défaite des armées russes amène, en 1917, la liquéfaction de l'empire des Tsars.

Qu'est-ce, en effet, que la révolution bolcheviste ? L'accession au pouvoir d'une trentaine de marxistes, tous Juifs ou presque... Vous les connaissez comme moi et vous savez que Lénine est parmi eux l'exception marquante. Ce sont Braunstein dit Trotsky, Appelbaum dit Zinoviev, Rosenfeld dit Kamenev, Zobelsohn dit Radek, Helfandt dit Parvus, Meyer Finkelstein dit Litvinov, etc., pour ne citer que les plus connus[17].

---

17. — Sur les origines juives de la Révolution russe, il y a un document souvent cité. C'est une note transmise au Haut Commissaire de la France à New-York et à ses collègues par le « Service secret » américain. D'après cette note, la Révolution russe aurait été commanditée par un groupe de banquiers juifs américains : Jacob Schiff, Gugenheim, Max Breitung et la puissante maison Kuhn, Loeb et Cie, dirigée par Jacob Schiff déjà nommé, Félix Warburg, Otto Kahn, Jérôme H. Hanauer.
Ce document indique en outre la filière que suivit la commandite pour arriver, en empruntant la voie de Stockholm, par les mains de Olef Arschberg (de la Nye Banken) et de Jivotovsky jusqu'à Trotsky, gendre de ce dernier et séide de Lénine.
Le fait est très vraisemblable. Que des milliardaires juifs commanditent une révolution qui, en apparence du moins, est faite contre les milliardaires, ce n'est peut-être pas humain, mais c'est juif (voir page 100, les premiers actionnaires du journal *l'Humanité* Je me demande cependant si cette note est authentique.

Voilà pour les temps héroïques de la Révolution. Cela a-t-il changé ? Pas du tout. La Russie est tombée entre les mains d'une bureaucratie proliférante dans laquelle figure la majorité des Juifs du pays. Presque tous appartiennent au parti communiste qui ne fait qu'un avec cette bureaucratie[18].

Elle nous est connue par un livre de A. Netchvolodoff, officier de l'armée impériale russe, intitulé *Nicolas II et les Juifs*, Elle porte dans sa marge des numéros lapidaires 7-618-6, PN 912 S, R2 11 ; mais la précision n'est pas toujours l'authenticité.

Elle aurait figuré dans un livre blanc anglais. La distribution de cet ouvrage fut, dit-on, subitement arrêtée. Leur exemplaire fut réclamé à tous ceux qui l'avaient reçu et une nouvelle édition fut substituée à la précédente, édition qui ne contenait plus le document.

Cela et d'autres particularités de cette pièce étrange me la rendent suspecte. Bien qu'elle n'ait cessé d'être reproduite depuis sa publication initiale par Netchvolodoff et qu'elle figure même dans un ouvrage récent qui paraît bien informé (*Israël, son passé, son avenir*, par H. de Vries de Heekelingen), j'attendrai pour en faire usage d'être mieux éclairé sur son origine.

18. — Les Juifs, sentant l'impression défavorable que fait naître leur hégémonie en Russie, se sont efforcés de minimiser le rôle qu'ils ont joué dans la Révolution et la place qu'ils ont prise dans le gouvernement et l'administration soviétiques.

(Voir *La Juste Parole*, n° 5, p. 11, article signé J. B.)
Ils font remarquer, par exemple, que le premier Conseil des Commissaires du Peuple, créé en octobre 1917, ne comportait qu'un seul Juif. Ils soulignent également que des Juifs aussi considérables que Kamenev et Zinoviev ont été tenus à l'écart de ce premier gouvernement bolcheviste. C'est exact. Mais...

- 1° Un gouvernement révolutionnaire ne trouve pas son équilibre du jour au lendemain. Il est obligé de compter avec les partis qui l'ont aidé et de donner des gages, quitte à les reprendre lorsqu'il sera devenu assez solide pour cela. Le gouvernement de Lénine est le résultat de ces transactions.
- 2° Les Juifs, malgré les apparences et quoi qu'en dise J. B., exercent toute la réalité du pouvoir sans braver l'antisémitisme traditionnel russe qu'on ne peut encore à cette époque provoquer impunément.

En effet, derrière le gouvernement, *pouvoir visible et de droit* (1 Juif sur 15 membres, 6,5 p. 100), il y a le Comité central du Parti communiste, pouvoir occulte et de fait (6 Juifs sur 18 membres, 33 p. 100). Ce Comité

Arthur Ruppin, dont la documentation n'est jamais défavorable aux Juifs, signale que le nombre des ouvriers travaillant en usine a augmenté, comme a augmenté le nombre des officiers juifs dans l'armée. C'est une nécessité du régime. Les uns et les autres exercent dans ces postes, nouveaux pour eux, une fonction de surveillance ou de répression indispensable à la permanence de la dictature juive. L'usine est, d'ailleurs, l'antichambre du fonctionnariat, auquel tous les illettrés juifs que la Russie compte encore en nombre ne pouvaient accéder, mais sur lequel leur descendance compte comme sur un dû [19].

Arthur Ruppin nous apprend que 50,1 p. 100 des Juifs gagnant leur vie étaient, en 1926, fonctionnaires à Moscou et qu'en 1932, le nombre des employés soviétiques juifs avait plus que doublé, depuis la première de ces dates. Il ne faut pas accepter cette assertion à la lettre, car il y aurait dans ce cas plus de fonctionnaires juifs que de Juifs gagnant leur vie... Mais on ne peut guère négliger cette indication qui fait connaître combien,

---

lui-même est mené par le Bureau Politique du Parti qui travaille en liaison avec le Centre Militaire. Ces deux organes réunis *disposent de la force publique*, condition de tous les pouvoirs, et comptent 10 membres dont 6 sont Juifs, 60 p. 100 (Boris Souvarine, *Staline*, p. 169).
C'est là le centre effectif de toute l'autorité à cette époque. Trotsky en est le chef incontesté. Quant à Kamenev et Zinoviev, qu'on ne voit pas au gouvernement, on les trouve au Bureau Politique.
19. — Les Juifs conçoivent une grande fierté de ce fait que, depuis un temps immémorial, chez eux et chez eux seuls, l'instruction n'a cessé d'être obligatoire.
Il faudrait s'entendre. Cette instruction, dispensée à tous, dont ils tirent vanité, n'est pas autre chose qu'une mince connaissance de l'hébreu et du Talmud. S'il est très peu de Juifs, même parmi les plus arriérés et dans les coins les plus sauvages d'Europe, qui soient incapables de compter et d'écrire quelques mots de yiddish en caractères hébraïques, il n'y en a pas beaucoup non plus, parmi ceux-là, qui sachent parler et écrire correctement la langue indo-européenne du pays qu'ils habitent. Comment pourraient-ils être fonctionnaires ?
Il est vrai que cette insuffisance disparaît rapidement et que, là où les Juifs accèdent aux mêmes études que les non-Juifs, c'est l'hébreu et c'est le Talmud qui sont infailliblement délaissés.

entre ces deux dates, l'emprise des Juifs a été en se resserrant sur la terre russe.

Ce que l'on connaît assez bien et nominalement, ce sont les couches supérieures du gouvernement et de l'administration soviétiques. J'ai en mains une brochure qui me donne, pour les Commissariats du peuple, un effectif de deux cent quatre-vingt-seize personnes sur lesquelles il n'y a que quatorze non-Juifs. Dans les organisations annexes, même proportion. Il est difficile à un Français d'apprécier avec précision le degré de créance que mérite ce travail, tout au moins dans les détails. Dans les grandes lignes, il est en concordance avec nombre d'autres documents. Il est, de ce fait, extrêmement vraisemblable.

Quand on songe à la manie ou à la prudence qu'ont les Juifs révolutionnaires de masquer leur personnalité en s'affublant de pseudonymes et qu'on trouve, à raison de quarante-sept pour cent dans les noms en R. par exemple, des patronymes aussi avoués que Rozengoltz, Rozenmann, Roubenoff, Roubistein, Roubignaul [20], Rosental, Reyngold Rabinovitch, Rotstein, Roubinine, Rosenbaum, Roze, Rozenberg, Rappoport, on peut admettre que des noms comme Rindine, Redens, Rosit, Rabitcheff, Rosine, Romm, Rafaloskaia, Raivid, Resch, Rayski, Reysine, Roudsit, Raikhmann cachent des identités juives...

En s'en tenant uniquement aux Commissariats du Peuple et à leurs adjoints, voici ce que je relève :

Industrie lourde, sept Juifs pour un non-Juif. Industrie légère, sept Juifs sur sept fonctionnaires. Fermes d'État, Céréales et Élevage, huit sur huit. Agriculture, quatre sur quatre. Finances, quatre sur cinq. Approvisionnement, cinq sur six. Affaires étrangères, trois sur quatre. Dans ce Commissariat, les services du protocole et les sous-directions comptent cinquante personnes. Toutes sont juives. Excepté ceux accrédités en France, en Autriche, aux États-Unis, en Grèce, tous les ambassadeurs de l'U.R.S.S., à cette époque, étaient également Juifs.

---

20. — Note de l'éditeur : pseudonyme de l'arrière-grand-père de Lenculus.

Ainsi donc, il n'y a plus en Russie comme classe dirigeante qu'une bureaucratie presque entièrement composée de Juifs et, auprès d'elle, une classe d'intellectuels nouvellement formée, juive aussi pour une part considérable. La classe dirigeante bourgeoise dépossédée en 1917 a disparu du pays, émigrée, exterminée ou incorporée, pour ses éléments jeunes, dans la classe ouvrière.

De tout ce que nous venons de dire, il faut retenir ceci :

La Russie d'Europe (Russie centrale, Russie blanche, Ukraine) compte 116 millions d'habitants sur lesquels 2.500.000 sont Juifs. Ceux-ci représentent donc 2,21 p. 100 de la population totale. Mais ils figurent dans le gouvernement et dans les rangs supérieurs de l'administration dans une proportion qu'on ne peut, même en consentant des abattements importants, ramener au-dessous de 75 p. 100.

Directement ou indirectement, toute la population israélite est au service de l'État et se confond avec lui. Elle est placée également à toutes les connexions par lesquelles l'autorité centrale communique ses impulsions à ses agents d'exécution.

Dans ces conditions, je demande :

> « *Est-ce que cette division tranchée d'un pays entre deux populations hétérogènes, dont l'une fait partie d'une autre nation et détient la quasi-totalité du pouvoir et dont l'autre, extrêmement nombreuse, est entièrement soumise à l'empire de la première, est-ce que cette division établie par la force* — le régime politique russe est une dictature — *n'est pas l'essence même du phénomène politico-social appelé par les Européens « colonisation »* ?

La situation des Juifs en Russie n'est-elle pas exactement celle des Anglais aux Indes, des Français en Afrique, des Italiens en Éthiopie ? N'est-on pas fondé à penser que la Russie est une colonie juive ?

Mais, dira-t-on, les Russes ce sont les Extrême-Orientaux de l'Europe. Plus près de nous les choses ne se passeraient pas comme cela.

La Révolution juive en Allemagne.

Dans les révolutions qui ont éclaté, après la guerre, au centre de l'Europe, les choses n'ont pas été différentes.

En Allemagne, aussitôt le régime impérial écroulé, les Juifs surgissent de partout.

Ceux qui semblaient les plus conservateurs font une conversion soudaine vers la gauche. C'est le cas de Théodore Wolff, qui, avec Preuss et Dernbourg fonde le parti démocratique allemand, lequel apporte son appui aux socialistes.

Les socialistes au pouvoir, c'est la suprématie juive qui s'installe. Qui voit-on, en effet, dans le Gouvernement d'Empire ? Haase, Landeberg, Kautsky, Kohn, Hertzfeld, Schiffer, Bernstein, Preuss, Freund, etc.... Qui voit-on en Prusse ? Rosenfeld, Hirsh, Simm... En Saxe ? Lipsinsky et Schwartz... En Wurtemberg ? Talheimer et Heimann... Dans la Hesse ? Fulda...

Naturellement des Juifs sont aussi dans l'administration, aux postes où l'on surveille, pour les brider, les mouvements de l'opinion.

> *« Ainsi, les chefs de la police à Berlin, à Francfort, à Munich, à Essen étaient respectivement les Juifs Ernst, Sinzheimer, Steiner, Lévy. »*

D'autres Juifs s'occupent de cultiver l'opinion, car il faut pour la dominer un savant dosage d'excitation, de séduction et de poigne. Dans tous les comités d'ouvriers et de soldats, les hommes qui parlent, qui suggèrent et qui emportent la décision, sont encore des Juifs : Cohen, Stern, Lowenberg, Fränkel, Israëlovitch, Laubenheim, Séligsohn, Katsenstein, Laufenberg, Merz, Weil, etc.

Kurt Eisner qui, comme nous allons le voir, fut maître de la Bavière, disait à son collègue Auer dans l'ivresse de la victoire :

> *« Onze petits hommes ont fait la révolution. »*

Et il énumérait : Max Lowenberg, Kurt Rosenfeld, Caspar Wollheim, Max Rotschild, Karl Arnold, Rosenheck, Birnbaum, Reis et Kaiser. Autant de Juifs.

Quand il s'agit, dans les premières semaines de janvier 1919, de suivre l'exemple russe et de passer du socialisme démocratique à la dictature du prolétariat, ce sont encore des Juifs qui prennent la tête de l'émeute : Karl Liebknecht et Rosa Luxembourg. Les communistes s'emparent de la préfecture de police et de tous les grands journaux berlinois, mais ils ne peuvent aller plus loin et, dans les jours qui suivirent, les deux chefs payèrent de leur vie ce coup de force manqué.

Qu'on réfléchisse un instant que tous ces hommes, par leurs aspirations et leurs doctrines, sont en tout pareils à ceux qui, tout à côté, viennent de réduire à l'impuissance le colosse russe. Qu'on réfléchisse que tous ces Juifs, allemands ou russes, sont en constante collusion, qu'ils pratiquent un échange ininterrompu d'informations, d'expériences et de services... On se demandera par quel miracle l'Allemagne a pu échapper au Communisme.

Elle n'y a pas échappé tout entière. La Bavière a connu les gaietés de la domination judéo-russe[21].

---

21. — La part prise par les Juifs dans cette révolution et celle de Bavière est attestée par tous les témoins„ Ils en sont frappés, même lorsque, sympathisants, ils cherchent à l'atténuer.
En Allemagne :
> « *On sait que grâce à leur faculté d'adaptation, les Juifs avaient accaparé en Allemagne depuis 1880 nombre de domaines où leur activité pouvait se donner libre cours comme la presse, les banques, les professions libérales. Possédant en outre un sens politique très développé, plus hardis dans leur opinion, plus vifs d'esprit que les Allemands, dégagés de tout particularisme national, ils avaient réussi peu à peu à se mettre à la tête de tous les partis radicaux et sozial-demokrates allemands. Rien d'étonnant à ce que, après la chute des dynasties, désireux de jouer un rôle adapté à leurs tendances et à leur énergie, ils se soient infiltrés sans peine dans les comités révolutionnaires, soviets, conseils de soldats et ministères de l'empire ; leurs qualités venaient à point au secours des Allemands peu portés par leur nature aux solutions rapides et radicales. Le rôle important, souvent décisif, qu'ils jouèrent dès la première heure souleva bientôt un fort courant d'antisémitisme chez tous ceux que la révolution inquiétait.* »
> (Paul Gentizon, *La Révolution allemande*, p. 75.)

De même, en Bavière :

La Révolution juive en Bavière.

A Munich, la République est proclamée en novembre 1918. Elle tombe bientôt aux mains des socialistes et puis des communistes. Là encore qui voit-on ? Un Juif à la tête du gouvernement, Kurt Eisner, *alias* Kuschovsky et, autour de lui, des Juifs toujours de plus en plus nombreux au fur et à mesure que le régime devient plus anarchique et plus sanglant : Fechenbach, Toller, Jaffé, Landauer, Ret Maru, Simon, Sontheimer, bien d'autres... Juifs indigènes auxquels se joignent bientôt trois délégués de Moscou, Léviné, Lévien, Tobias Axelrod, ceux-ci Juifs aussi, les plus décidés et les plus dangereux de tous.

A côté de ces premiers rôles, trois Herr doktor non sémites : doktor Neurath, doktor Wadler dont on a voulu à tort faire un Juif en orthographiant son nom W. Adler et doktor Lipp. Celui-ci a

> *« La part véritablement énorme, disproportionnée avec leur nombre, que prennent les Juifs dans la Commune bavaroise, est telle que, même si l'on n'est pas antisémite, en tant qu'historien impartial, on est obligé de la relever. Comme en Russie et en Hongrie, à Munich, ce sont des Israélites, en très grande majorité étrangers à la Bavière, qui constituent le ferment actif le plus virulent.*
>
> *« Qu'ils s'appellent au hasard de la plume,... qu'ils soient les acteurs de la première ou de la deuxième révolution, les grands animateurs ou les illuminés, les fanatiques et aussi quelques modérés — il sied de le reconnaître — presque tous sont des fidèles du rite mosaïque.*
>
> *« Il importe de souligner que jamais, sans l'adjuvant juif, la révolution allemande n'eût été possible... »*
>
> (Ambroise Got, La Terreur en Bavière, p. 15).

Ces deux auteurs ont assisté à ces deux révolution et ni l'un ni l'autre ne sont hostiles systématiquement aux hommes qui les ont faites. Le second entretenait des relations amicales avec Kurt Eisner dont il dit le plus grand bien. Voici un aveu juif :

> *« ...en Europe, au cours des XIXe, et XXe siècles, le rôle joué par les Juifs dans tous les mouvements révolutionnaires est considérable. Et si en Russie les persécutions antérieures pouvaient, à la rigueur, expliquer cette participation, il n'en est plus de même en Hongrie, ni en Bavière, ni ailleurs. »*
>
> (Kadmi-Cohen, Nomades, p. 78.)

fait deux séjours dans une maison d'aliénés ; en effet, il est fou. Les deux premiers ne sont que de franches fripouilles auprès desquels Kurt Eisner est estimable... Mais ils sont moins dangereux. Ce ne sont que des révolutionnaires de circonstance qui ne songent qu'à satisfaire leurs intérêts et profitent individuellement d'un mouvement qu'ils n'auraient pas créé. L'objectif de ces hommes exclut les excès, car, comme les animaux, ils ne mangent pas au delà de leur appétit. Je crains davantage ceux qui ont à satisfaire le dieu insatiable et jaloux qu'ils croient porter en eux.

En dehors de ceux-là et du clan juif, rien que des comparses sans instruction et sans valeur intellectuelle : un matelot, un charpentier, un employé de commerce, un petit marchand, quelques autres de même acabit, tout le personnel coutumier des désordres sociaux. Les vrais responsables, à cause de la conscience qu'ils ont de leurs buts et de la volonté avec laquelle ils les poursuivent, ce sont les Juifs.

La Révolution juive en Hongrie.

Le 22 mars 1919, les communistes prennent le pouvoir en Hongrie, ou, plus exactement, on leur en fait cadeau.

Qui voyons-nous à la tête des affaires ?

Un conseil des Commissaires du Peuple composé de vingt-six membres sur lesquels dix-huit sont Juifs.

Bela Kuhn est le meneur du jeu. Autour de lui, on rencontre Tibor Szamuely, de cruelle mémoire, Joseph Pogany, Sigismond Kunfi, Guillaume Bohm, Bela Szanto, Georges Lukacs, Amburger, Varga, Diener, etc.... et d'autres Juifs, à tous les étages de la hiérarchie administrative, depuis le commissaire du Peuple ou l'adjoint au commissaire posté là pour surveiller le titulaire lorsqu'il n'est pas Juif — tel l'odieux Otto Klein dit Corvin qui, derrière Guzi, est le véritable chef du bureau des recherches politiques — jusqu'aux aides du bourreau — tel Boris Grunblatt qui, revolver au poing, accompagne Szamuely dans tous ses déplacements.

Ce sont des journalistes juifs, comme Oscar Iaszy et Louis Havany, qui chauffent l'opinion et agencent les circonstances d'où sortira la soviétisation de la Hongrie.

— Très bien, va-t-on me dire, mais cela ne se passe pas en France. Rien de tout cela n'est possible dans notre pays.

La Révolution juive en France.

Une infiltration lente précède toujours l'arrivée des Juifs au pouvoir. Ils ne se mettent d'abord pas trop en évidence. Mais ils se tiennent prêts à cueillir le fruit aussitôt qu'il sera mûr sur l'espalier. Il y a bien, ici et là, quelques Juifs en vue, comme en Belgique, Vandervelde (dont le vrai nom serait, me dit-on, Epstein) ou Léon Blum en France. Mais ils ne semblent pas dangereux. Au contraire, si on les compare aux extrémistes exaltés, ils sont plutôt rassurants.

C'est ainsi qu'en France les Juifs ne paraissent pas ou bien peu dans le Communisme visible. Mais il n'est pas un seul geste des communistes français qui ne soit dicté par les Juifs qui règnent à Moscou. C'est l'effet d'une prudence voulue [22]. Il ne faut pas qu'une poussée intempestive d'antisémitisme vienne faire

---

22. — J'ai dit au commencement de ce chapitre que je ne croyais pas à un plan juif de conquête mondiale. Je parle maintenant de prudence voulue. Voulue par qui ? Expliquons cette apparente contradiction.

Les antisémites représentent volontiers les triomphes actuels des Juifs comme la résultante d'une action qui aurait son origine à plusieurs siècles en arrière de nous. La Franc-Maçonnerie, création juive, aurait été le moyen déterminé de ce but conscient. C'est ce que je conteste.

Les triomphes actuels sont le résultat d'une bataille en ordre dispersé des Juifs les plus actifs, les plus intelligents, les plus révolutionnaires. C'est l'identité des mobiles individuels qui a conduit à cette identité d'action. Cette action, servie par les circonstances, a abouti à la révolution russe.

Aujourd'hui que la Russie est au pouvoir des Juifs le gouvernement qui la régit fait naturellement fonction de moteur et de régulateur de l'activité juive universelle. Il alimente les partis communistes de chaque nation d'idées, d'argent et, quand il le faut, d'armes. Il peut imposer des consignes et ne s'en prive pas.

obstacle à l'approche, par sape et par mines, de la citadelle dont on veut s'emparer.

Pour réaliser leur présence, il est nécessaire de se rappeler, par exemple, que le journal des communistes, *l'Humanité*, a été créé avec de l'argent exclusivement juif, à une époque où l'ingérence systématique du judaïsme ne se faisait pas sentir encore en France. On l'a bien souvent répété : *l'Humanité* doit sa naissance à douze capitalistes juifs : Léon Blum, Lévy-Bruhl, Lévy-Brahm, Dreyfus, Louis Dreyfus, Casewitz, Herr, Picard, Salomon Reinach, Elie Rodrigues, Rouf et Sachs[23].

Mais qu'on se rassure. A l'heure H, ils seront tous là. Et les Juifs français, tenants secrets du communisme, qui se révéleront alors, et les Juifs débarqués soudainement de Russie, pour appliquer ici les virtuosités techniques de la police orientale.

Nous ne pouvons avoir actuellement une idée des empiétements juifs dans les choses de France qu'en considérant le nombre et l'empressement de tous les Juifs qui, sans être soumis aux disciplines du bolchevisme, se portent cependant, comme d'instinct, vers les partis dits *avancés*.

Le Ministère Léon Blum.

Le ministère Léon Blum a offert une préfiguration du foisonnement juif dans les sphères du pouvoir. L'antisémitisme partisan, qui se préoccupe peu de précision, a remarqué et signalé trente-neuf Juifs dans le personnel qui entoure immédiatement les ministres. Des contradicteurs ont assuré ensuite que

---

23. — Dira-t-on que c'est par hasard que les douze souscripteurs de la société du journal *l'Humanité* sont douze Juifs ?
Dira-t-on aussi que c'est par hasard que la rédaction du *Populaire*, autre organe marxiste, est presque entièrement confiée à des Juifs ? Voici l'entourage de M. Léon Blum, directeur de journal : Rosenfeld, Herman, Lévy, Bracke, Moch, Paz, Zyromski, Weil-Raynal, Cohen Adria, Goldschild, Serge Moati, Suzanne Nivolich, H. Liebermann...
On verra plus loin dans le texte l'entourage de M. Blum, président du Conseil.

plusieurs personnes de cette listé n'étaient pas juives. Ce qui est sûr pourtant, c'est que, dans leur hâte d'accabler l'ennemi, nos antisémistes ont omis dans leur dénombrement plusieurs Juifs authentiques, un Biquart, un Nebout, un Alphand... d'autres sans doute qui jouissent de patronymes moins significatifs, mais cependant suspects. On peut se demander quels sont les Juifs parmi les Arène, les Bernard, les Michel, les Vidal, les Benassy (ou Benassi) que comptait le ministère Blum. J'allais oublier Joffet, si remarquablement homonyme d'un des édificateurs de la puissance juive en Russie [24].

On a dit que les Juifs constituaient cinquante pour cent de ce ministère. La vérité n'a pas été si belle. Quand cette proportion sera atteinte nous serons bien malades. Ils n'en formaient en réalité que le cinquième — un sur cinq — ce qui ne laisse pas

---

24. — Le nombre est assez considérable des Juifs qui jouissent de noms aussi peu hébraïques que possible. Ils en est qui se dénomment Lambert, Laurent, Félix (nom de famille de la grande Rachel) et même Durand.
Il y avait, vers 1890, un Victor Saint-Paul au Comité central de l'Alliance Israélite Universelle.
Ah ! si on pouvait être sûr qu'en perdant leur nom, ils ont aussi échappé à l'emprise de l'esprit juif ! Malheureusement rien n'est moins certain. Ils sont alors plus à craindre que les autres, en vertu de ce principe qu'un ennemi ignoré est plus dangereux qu'un ennemi connu. C'est évidemment pour désarmer ces hostilités occultes que l'Hitlérisme a pris le caractère racial que je lui reproche.
Il y a des Juifs animés des meilleures intentions, qui, reconnaissant l'importance extrême du patronyme dans la survivance indéfinie de l'esprit judaïque — et, par voie de conséquence, de l'antisémitisme, suggèrent qu'il soit permis aux Juifs qui en feraient la demande, de changer un nom qui fait obstacle, bien malgré eux, à leur assimilation complète.
Je ne puis m'associer à ce vœu.
Rien ne serait plus dangereux, dans la situation politique actuelle, que la possibilité, pour les Juifs révolutionnaires, de s'entourer d'un nuage qui les soustrairait à notre vigilance, alors que, se connaissant entre eux et poursuivant des buts concertés, ils appliqueraient en toute tranquillité le programme de Moscou. Je regrette très vivement, pour les quelques Juifs non révolutionnaires qui subsistent encore en France, que ce moyen soit inadmissible.

d'être extrêmement choquant et, étant donné ce que nous venons de voir des révolutions étrangères, sérieusement alarmant.

Quoi qu'il en soit, on ne peut pas ne pas être très frappé de la coïncidence qui amène tant de Juifs aux cimes gouvernementales en même temps que le Front Populaire et la personne de Léon Blum.

Notez que s'ils étaient là par l'effet de la volonté populaire, on pourrait s'en étonner peut-être, on pourrait même s'en affliger, mais c'est moins à eux qu'il faudrait s'en prendre qu'à la stupidité du Peuple-Roi. Si du moins le nombre des Juifs au pouvoir était proportionnel au nombre des Juifs à la Chambre et au Sénat, on serait bien obligé de reconnaître que le choix de Léon Blum a été à l'image du choix déjà fait par les électeurs. Mais il n'en est pas ainsi.

Députés et sénateurs sont au nombre de 925 à 930. On compte dix Juifs avérés à la Chambre : Pierre Bloch, Léon Blum, Ach. Fould, Salomon Grumbach, Georges Lévy, Lévy-Alphandéry, Mandel, Mendès-France, Léon Meyer, Jean Zay. Il y en a certainement d'autres. J'admets qu'il y en ait autant d'ignorés. Plus encore, si l'on veut.

J'ajoute à ceux-là les six Juifs connus qui siègent au Sénat : Israël, Lévy, Lisbonne, Rothschild, Ulmo, Wolf. Je les double et même très libéralement.

Malgré tant de libéralités, nous arrivons avec peine à 3,5 p. 100 de Juifs dans le Parlement. C'est tout ce que le suffrage a voulu et c'est encore un taux très respectable qui répond généreusement au « droit de vivre » réclamé avec tant de virulence par nombre de Juifs insatisfaits.

Cependant lorsqu'il s'agit de se hisser aux postes de commande, sans contact avec le collège électoral et par le simple jeu de la camaraderie politique, il y a toujours, pour un Juif qui veut monter, d'autres Juifs prêts à le soutenir et le pousser. Le Juif fait la courte échelle au Juif. Il suffit du moins qu'il fasse partie des neuf dixièmes qui sont Front Populaire. Léon Blum s'est chargé de nous en administrer la preuve.

Vous désirez, sans doute, comme moi, savoir si d'autres ministères dans le passé ont compté une si belle collection de Juifs surgis soudain du terreau politique. Vous voudriez connaître, par exemple, combien le ministère Laval en comptait dans son état-major. J'en ai dénombré cinq en y comprenant Mandel, ministre des P. T. T. Peut-être s'en trouvait-il un ou deux autres moins voyants, mais c'est tout. C'est la proportion traditionnelle sous la troisième République. Nous sommes loin des quarante qui figuraient dans le ministère Blum.

L'Inflation juive.

Cette invasion de Juifs, c'est le signe. On l'a vu en Russie, en Allemagne, en Bavière, en Hongrie. Tant que le pays est en bonne santé, le Juif n'apparaît guère. Il se contente de faire fortune. Dès qu'une fièvre survient et, au fur et à mesure que le pouls bat plus fort, les Juifs se multiplient avec une rapidité de plus en plus grande jusqu'au moment où ils s'installent et commandent en maîtres.

Ainsi le Front Populaire agit à la façon d'une serre de forcerie où la flore juive s'épanouit avec une luxuriante fécondité. Qu'il continue à prospérer et les prochains cabinets, pour peu qu'ils aient Blum à leur tête, seront pépinières de Juifs.

Le Communisme fera des progrès parallèles jusqu'à ce qu'il installe en France la domination mondiale qui doit être l'aboutissement de l'activité d'Israël.

Vous pensez bien que, dès maintenant, Léon Blum, qui vient de nous donner le spectacle de ses tendresses pour ses congénères, ou Camille Chautemps qui fait le jeu de la révolution sans avoir le courage de la souhaiter, vous pensez que l'un et l'autre ouvrent toutes grandes les portes de la France à la gent israélite que l'Orient européen déverse sur nous. Tout Juif naturalisé est un votant Front Populaire indéfectiblement dévoué.

Je regrette de ne pas connaître les statistiques qui se rapportent à l'immigration juive pendant la présente législature. A leur défaut, il y a une chose bien parlante qui donne une idée de l'invasion de la juiverie orientale sur le territoire français, c'est la rubrique « faillite » dans les journaux quotidiens. Lisez-la pendant huit jours et vous verrez le nombre remarquable de juifs étrangers qui figurent dans leurs colonnes. Ce n'est pas sur le fait même des défaillances juives que j'attire l'attention. Elles sont explicables ; elles ne présentent pas de gros passifs et font surtout des victimes parmi les coreligionnaires. Un crédit de fournisseur, c'est une commandite. Quand elle est perdue, elle passe pour une *haloukah* [25]. Non. J'attire l'attention sur le nombre des étrangers que cette statistique révèle, sur l'infiltration dont notre pays est l'objet [26].

De tout ce que je viens de dire dans les pages qui précèdent, trois conclusions se dégagent avec une implacable évidence.

Les Juifs, par tempérament plutôt que par calcul, sont des hommes de gauche. Un même pli de l'esprit leur fait voir les faits sociaux sous un angle qui est le même pour eux tous ou presque tous.

Il s'ensuit une similitude dans l'action qui leur fait livrer la même bataille contre les mêmes ennemis en vue de remporter la même victoire.

Cette bataille, ils la mènent avec la moitié des Français pour alliés contre l'autre moitié. Reste à savoir si, après avoir détruit le premier ennemi, ils ne se retourneront pas contre leurs alliés d'aujourd'hui. C'est ce qui s'est passé en Russie, où il n'y a jamais eu dictature du prolétariat mais seulement dictature du parti communiste, c'est-à-dire de la bureaucratie juive.

Pour mon compte, c'est là tout ce que je reproche aux Juifs : cette propension à bousculer l'ordre établi pour lui substituer un ordre personnel qui, s'il satisfait leur besoin de justice, de leur

---

25. — *Haloukah*, aumône consentie par un Juif à un coreligionnaire.
26. — Les Juifs qui font faillite aujourd'hui sont en France depuis plus d'un an. Ce que nous révèlent actuellement les quotidiens, c'est l'immigration antérieure au ministère Blum. C'est à nous à inférer de ces chiffres ce qu'a pu être, depuis l'avènement du Front Populaire, la crue des naturalisations juives dans notre pays.

justice bien sociale, nous apporte à nous, non-Juifs, la ruine et la mort. C'est tout, mais ce n'est pas peu de chose. C'est tellement important que les autres reproches, à côté, paraissent des enfantillages.

Je ne vois aucun inconvénient à ce que tous, les Juifs soient riches ou avocats ou médecins, si, riches, ils ressemblent à tous les riches, avocats à tous les autres avocats, médecins à tous les autres médecins... Le mai commence lorsque, parmi les riches, parmi les avocats, parmi les médecins, ils constituent un clan à part et qu'entre tous ces clans il existe un état d'esprit commun qui tend aux mêmes buts sociaux et que ces buts sont, comme par hasard, de faire battre entre eux les, non-Juifs et de porter les Juifs au pouvoir.

VII

LES CAUSES DE L'ANTISÉMITISME

J'AI parlé de révolution et de révolutionnaires. Précisons la portée de ce terme.

Je l'entends dans son sens le plus large. Il doit donc comprendre tous ceux qui s'avèrent décidés à amener et à maintenir par la force le triomphe de leurs doctrines et de leurs personnes, — tous ceux qui souhaitent cette victoire, mais qui ne voudraient pas l'obtenir par violence, — tous ceux, enfin, qui, sans croire à ces doctrines et sans aimer beaucoup ces personnes, la favorisent de gré ou de force, par sympathie ou par peur et quelquefois en gémissant.

Le Front Populaire.

Vous reconnaîtrez dans ces trois groupes d'hommes ceux que l'on nomme, dans, ce pays, communistes, socialistes et radicaux, unis en ce moment pour dresser la France du Front

Populaire contre la France sans épithète. Dans les autres pays démocratiques, sous cette appellation ou sous d'autres, il y a aussi un Front Populaire et, en face de lui, un autre front non dénommé... et les deux fronts se regardent dans les yeux, avec colère, en serrant les poings.

D'aucuns, je le crains, vont trouver tendancieuse cette représentation du monde partagé, à l'image de la France et de l'Espagne, en deux blocs tranchés, l'un destructeur, l'autre défenseur de l'ordre établi. Qu'ils regardent mieux. Cette division est dans les faits. Aveugle qui ne la voit pas.

Aveugle qui ne voit pas la séparation des nations ou plutôt des citoyens à l'intérieur des nations, en deux camps, qui obéissent à des conceptions sociales différentes, — différentes, mais non pas cependant diamétralement opposées. L'une est la conception communiste, l'autre la conception fasciste. Elles s'incarnent en des États également dictatoriaux et totalitaires.

Il reste des États qui se disent démocratiques et des citoyens qui ont encore l'esprit démocrate, c'est-à-dire qui ne peuvent s'adapter ni à un nationalisme contraire à la paix, ni à un despotisme contraire à la liberté. Ils sont donc naturellement opposés aux fascistes et aux communistes. Il serait logique qu'en vertu de cette opposition radicale et fondamentale, les démocraties fissent bloc contre toutes les dictatures. Cela n'est pas.

Les démocraties fondent et se désagrègent petit à petit. Le communisme gagne à lui les démocrates qui subissent l'attrait du progrès.

Le fascisme recueille ceux qui ont peur du désordre.

Chaque année nouvelle retrouve les démocraties quantitativement amoindries et qualitativement affaiblies. Les deux camps qui coexistent en elles finiront par s'égorger pour le compte de ces deux idéologies, avec lesquelles elles n'ont rien de commun, avec lesquelles elles sont, au contraire, incompatibles.

Dans ce conflit très complexe, la position des Juifs est, elle du moins, simple et claire. Je constate qu'ils sont tous ou presque tous — disons les neuf dixièmes d'entre eux, — dans le camp de gauche, ayant pour pôle Moscou. Je constate qu'à Moscou même d'où émane la force attractive il n'y a que des Juifs.

Voilà le fait.

L'Antisémitisme, œuvre des Juifs.

Maintenant je demande au lecteur :

— Est-ce que les chiffres que j'ai donnés ne vous paraissent pas extraordinairement significatifs ? Est-ce qu'ils ne dévoilent pas avec clarté le cheminement de l'esprit juif à travers le chaos du monde moderne ?

Et, me tournant plus particulièrement vers les Juifs, je leur dis :

Ne trouvez-vous pas, si vous voulez y réfléchir un moment, qu'il y a là toute l'explication de l'antisémitisme dont vous souffrez ? Car, enfin, l'antisémitisme est un phénomène comme un autre : il ne saurait exister sans causes. Pourquoi Israël a-t-il tant d'ennemis et si acharnés ?

Il est facile de mettre cette hostilité générale sur le compte de la méchanceté gratuite de vos semblables, mais une telle explication ne satisfait pas la raison. Elle ne fait pas comprendre pourquoi certaines catégories d'êtres humains, tels que les Jésuites et vous-mêmes, les Juifs, faites le trust de la réprobation universelle.

Comment voulez-vous qu'on ne croie pas que vous visez à la conquête du monde, puisque précisément vous la faites ? Et puisque les non-Juifs voient où vous tendez — disons mieux : où vous arrivez — comment voulez-vous qu'ils ne protestent pas suivant leur tempérament, soit en frappant, soit en criant, soit en raisonnant simplement comme je m'applique à le faire ici ?

Brutalités allemandes et atrocités juives.

Ce que j'ai dit de la révolution allemande montre assez que l'antisémitisme hitlérien est une réaction contre les empiétements juifs.

Nous nous trouvions, au début du XIXᵉ siècle, devant une ère de tolérance rassurante.

Pourquoi a-t-elle cessé ?

Disraëli et Metternich nous ont répondu tout à l'heure.

Nous savons qui a commencé. La riposte n'est pas agréable, j'en conviens. Mais les Juifs n'ont pas l'air de s'apercevoir que leur domination ne comporte pas d'agréments non plus pour les non-Juifs.

C'est par le tableau des excès nazi que les Juifs plus révolutionnaires s'appliquent à rallier à leur « antifascisme » les Juifs moins révolutionnaires. Cet épouvantail remue les enfants d'Israël jusqu'aux entrailles.

L'instrument le plus efficace de cette propagande est une publication du « Comité d'aide aux victimes du fascisme », présidé par lord Marley et intitulé *Livre brun*, à la façon des publications diplomatiques d'un Etat souverain.

Je ne conteste pas la véracité de ce document. Personne ne doute de la haine vouée aux Juifs par les Nationaux-Socialistes. Personne ne doute de l'inconscience cruelle des foules. Mais que devraient en conclure les Juifs ?

> 1° Ils devraient en conclure que la terreur hitlérienne est la manifestation d'une psychose révolutionnaire. Ils devraient se défier des révolutions en général et ne pas jouer pour leur compte avec la nervosité des foules.

Pas du tout : ils tirent du *Livre brun* des motifs à faire à d'autres ce qu'ils se plaignent d'avoir subi.

> 2° Ils devraient chercher quelles sont les causes de cette explosion d'hostilité. Ils ne se posent même pas la question. Il est entendu une fois pour toutes qu'un Juif ne peut avoir aucun tort. Il a un sens très aigu des injustices dont il est victime, non de celles qu'il commet. Pas un instant ils ne songent aux mauvais traitements qu'ils ont fait, eux, subir aux Allemands.

Les Juifs ne connaissent pas assez les atrocités dont ils sont responsables. Comme organisateurs de massacres, les

Judéo-Russes n'ont rien à apprendre. Je crois utile d'éclairer à ce sujet les Juifs occidentaux. Il y a eu, dans la journée du 30 avril 1919, à Munich, un massacre d'otages dont Ambroise Got a fait le récit circonstancié et véridique. Trois Juifs russes y présidèrent et en portent la responsabilité. Je conseille cette lecture aux gens sensibles.

C'est la terreur de l'antisémitisme, me dit-on, qui rejette nombre de Juifs vers les partis de gauche ? Soit. Mais il n'y aurait pas d'antisémitisme, s'ils n'étaient pas à gauche... Voilà le cercle vicieux dont il faut qu'ils sortent. S'ils y restent enfermés, ils risquent d'y périr.

Que ceux d'entre eux qui font profession de travailler à l'incendie de notre vieille civilisation cessent un instant leurs machinations et tout rentre dans l'ordre. Qu'ils continuent et l'antisémitisme ne disparaîtra jamais.

Voilà ce que je dis aux Juifs, mais je ne me flatte pas d'être entendu.

Obtenir des prophètes qu'ils cessent de discourir, de juger, de lancer l'anathème, c'est aussi impossible que d'empêcher la terre de tourner.

Retour sur l'Idéalisme d'Israël.

Il n'est pas dans l'histoire de spectacle plus digne d'attention que cette attitude d'Israël au milieu du monde moderne.

Les antisémites de la vieille école ont été plus habitués à entendre parler du matérialisme que de l'idéalisme juif. Et, pourtant, quoi de plus évident ? On reproche aux Juifs leur activité industrieuse qui leur procure tous les avantages de la fortune... et il est de fait qu'ils sont, tout au moins dans notre Europe occidentale et en Amérique, postés à tous les carrefours où l'on rencontre à la fois l'influence et l'argent. Or, que voyons-nous ? Ces nantis — ou qui pourraient si facilement l'être — s'attachent en fanatiques au problème de réformer une société qui leur a donné tout ce qu'elle a de meilleur... Je sais bien que ce n'est pas la volonté consciente de tous les Juifs. C'est du moins la pente où tous glissent sans se défendre. Ce qui est certain, c'est qu'aucun d'eux ou presque aucun ne réagit.

Et on ne voudrait pas appeler cela de l'idéalisme ?

Idéalisme d'autant plus singulier qu'il conduit à un état de choses absolument contraire au tempérament vrai des Juifs. Le Juif est individualiste, débrouillard, admirablement doué pour ne pas souffrir de la concurrence [27]. Il n'est pas habitué au coude à coude de l'atelier, si propre à susciter la vocation communiste. Il aime les enfants, il appartient tout entier à la famille.., et le Communisme tend à détruire tout cela.

Voilà qui donne une idée du rôle infime que joue la raison dans la conduite des hommes. Tel est l'empire des nuages. Tant de bouleversements recherchés, sans profit pour soi-même, sans avantage réel pour autrui. Et, si quelque bien pouvait en résulter, ce bien payé d'un tel prix de souffrances qu'il fait songer à un marché de dupes.

Les antisémites vont dire : les Juifs sacrifient moins que vous ne croyez, puisque, dans le monde où ils veulent nous « forcer d'entrer », ils éprouveront, eux, la satisfaction de commander et, nous, le déplaisir d'obéir.

Je ne méconnais pas la justesse de cette remarque. Mais je crois que l'immense majorité d'entre eux n'est pas entraînée par la considération de cet avantage. Même s'ils commandent tous, il faudra bien que la plupart commandent en sous-ordres. Et, pourtant, ils marchent tous vers le même avenir, avenir en quelque sorte rétrogressif, puisque, sous le régime actuel, ils sont

---

27. — Je sais telle personne qui, en lisant ces lignes, s'écriera que cet individualisme d'Israël est une illusion dont je suis dupe, qu'aucun peuple n'a été plus grégaire, plus esclave de la règle, plus conformiste, plus bureaucrate, plus préparé, en un mot, à la vie communiste. Il me rappellera les 613 commandements auxquels un bon Juif est tenu d'obéir, auxquels il s'applique à obéir, auxquels il parvient, quelquefois, à obéir.

Le Dieu d'Israël, lui-même, est tellement collectiviste qu'il ne perçoit pas les individus, mais seulement les groupements, qu'il ignore le Juif pour ne s'intéresser qu'au peuple juif, qu'il se détourne de l'homme pour ne regarder que l'humanité.

beaucoup plus nombreux à l'échelon social où l'on donne des ordres qu'à l'échelon où on les reçoit.

Et puis, quelle sécurité attendre de cette position d'Israël érigé en dominateur des peuples ?

Peut-on croire que ceux-ci portent éternellement le joug de cette pesante bureaucratie juive ?

Déjà, — peut-être, en Russie une réaction se dessine. Il y a dans ce pays des super-marxistes, disciples de Trotsky, qui veulent, si j'ose dire, révolutionner la révolution. On les livre aux tribunaux, et, comme par hasard, les Juifs, toujours à gauche de la gauche, figurent parmi eux pour soixante-quinze pour cent.

Les Juifs et l'esprit critique.

Voilà donc le Juif qui s'avère le bourreau de lui-même, l'*héautontimoroumenos* du théâtre classique. L'antisémitisme n'est plus une malveillance gratuite à la charge exclusive de l'antisémite. Il y a tout au moins responsabilité partagée et, dans ce partage, il semble bien que l'inconséquence, l'imprudence, l'inconscience juives aient la part de beaucoup la plus lourde.

Assurément, il ne se trouvera pas un Juif sur mille pour endosser une responsabilité quelconque dans l'éternelle hostilité dont il souffre périodiquement dans tous les pays.

Il faudrait pour qu'ils consentent à un tel aveu que les Juifs puissent lire en eux-mêmes. Or, c'est là un livre qui leur est fermé : *les Juifs ne se connaissent pas*.

Je l'ai dit plus haut : les Juifs manquent de sens critique et, plus encore, autocritique. L'orgueil obnubile leur jugement. Ils ont l'esprit de finesse souvent. Ils ont l'esprit de géométrie presque toujours. Ils n'ont jamais l'esprit critique qui est une sorte de compromis entre l'un et l'autre.

Avez-vous remarqué que les Juifs, qui sont aujourd'hui honorablement représentés dans toutes les branches de l'activité intellectuelle, ne comptent cependant aucun critique notable ? Ils n'opposent personne à Sainte-Beuve, à Brunetière, à Faguet, à

Jules Lemaître, à Paul Souday. Dans nos journaux, ils sont, avec un certain bonheur, rédacteurs politiques ou chroniqueurs. Ils sont très rarement critiques et, dans ce cas, se confinent dans la critique dramatique. Mais jamais, comme tels, ne font autorité. Il y faudrait une pénétration qu'ils n'ont pas [28].

Quant à la littérature d'introspection, je n'en vois pas trace et j'ai peine à imaginer un Amiel juif. Il est assez singulier, d'ailleurs, qu'ayant vécu tant de siècles presque sans contacts avec l'extérieur, ils n'aient pas donné plus de temps au repli sur soi-même.

Le Juif n'a pas de vie intérieure.

Face à face avec lui-même, il s'ennuie et commence à souffrir de la solitude [29]. La littérature talmudique ne contient rien qui

---

28. — M. Léon Blum, par exemple, a écrit cinq volumes de critique. Je ne les ai pas lus. Mais voici ce qu'en pense M. Marcel Thiébaut :
   « *Les études ainsi groupées contiennent très rarement des vues d'ensemble sur la littérature ou sur les écrivains... En matière de critique théâtrale, M. Blum recueille souvent le bénéfice de sa logique... Du premier coup d'œil son esprit géométrique discerne comment* « *c'est fait.* » *En face des romans ou des essais il est moins à l'aise : la construction de ces ouvrages étant presque toujours plus flottante. Aussi y a-t-il de la mollesse, de l'incertitude, voire des contradictions dans les analyses que M. Blum leur consacre. Il commence un article en louant Lafcadio Hearn et le Japon qu'il peint, il le termine en les critiquant. Ou bien, à cinq pages de distance il affirme que l'avenir du roman est entre les mains des femmes — et qu'elles sont incapables d'écrire de bons romans.* »

Devant une action qu'ils « voient » au théâtre comme dans la vie, les Juifs perçoivent les erreurs de mécanique. Mais quand il s'agit de romans et surtout d'essais, quand on rentre dans le domaine des idées, leur vue se brouille.

29. — Que dire de la critique que les Juifs font d'eux-mêmes ? C'est dans l'appréciation des valeurs intellectuelles juives, qu'ils manquent totalement d'« échelle. » Avec quel enthousiasme Pierre Créange énumère les gloires littéraires d'Israël : André Spire, Edmond Fleg, Henri Hertz, A. Cohen, Lily Jean-Javal, J. Milbauer, B. Fondane, Ivan Goll et ses gloires artistiques : Darius Milhaud « le Beethoven moderne », Maurice Ravel (non-juif ?), Mendelssohn et d'autres, Louis Aubert, Algazi, Tassmann, Maxime (?) Jacob et Manuel Rosenthal...

ressemble, de près ou de loin, à l'*Imitation de Jésus-Christ* et à ses interminables entretiens de l'âme avec elle-même ou avec son Dieu, ce qui n'est qu'une autre façon de converser encore avec elle-même. Le Talmud ne présente que des controverses qui impliquent deux intelligences en antagonisme ou des récits qui supposent des auditeurs. Ce que les Juifs écrivent, ce sont les faits qui se sont passés dans la journée [30].

Mais le Juif, qui ne se connaît pas, *ne nous connaît pas davantage, nous, les « goyim* [31]. »

S'il ne s'agit que de contemporains, pourquoi Mendelssohn ? Et s'il ne s'agit pas de contemporains, pourquoi oublier Henri Heine ? Visiblement, l'auteur n'a aucune idée des relations qualitatives. Gustave Kahn, dirait-on, offusque à ses yeux Henri Heine. Ceux qu'il met au rang des Racine, — les André Spire, — au rang des Bossuet, — les Edmond Fleg, — c'est la célébrité qu'on touche de la main, qu'on coudoie au cabaret, qu'on salue au théâtre…

Il n'est pas très commode assurément d'aligner de très grands noms pour représenter l'intelligence juive, puisque ces noms n'existent pas. Mais quel besoin d'emboucher la trompette ?

Nous comprenons fort bien que, jusqu'au milieu du XIXe siècle, les Juifs n'aient pas été désignés, par leur formation presque exclusivement talmudique, pour apporter une contribution importante à la civilisation européenne. S'ils ne la détruisent, ils y prendront leur part dans l'avenir. Qu'ils soient aussi patients que nous le sommes.

30. — Cette remarque, qui est vraie du Talmud, n'est pas beaucoup moins vraie de l'ancien Testament. Dans les *Psaumes*, par exemple, le fidèle a pour seule préoccupation d'entretenir son Seigneur d'un tiers, contre qui il nourrit une sévère aversion et qu'il appelle le Méchant. Le Méchant, ce sont les deux cents familles de l'époque. Le fidèle fait incessamment appel contre lui à la colère et à la vengeance de l'Éternel.

31. — Il y a, il est vrai, dans la littérature d'imagination que nous devons aux Juifs modernes un nombre assez important de romans autobiographiques. Quand les Juifs s'examinent et se dépeignent, c'est toujours dans l'espace d'une génération, celle dont ils ont l'expérience personnelle. Ce n'est là qu'un présent un peu élargi. Aucun retour à un passé plus lointain. Aucune « résurrection. »

Les Juifs et le Sens historique.

Quand on connaît d'un homme tout ce qui tombe sous les sens, qu'on l'a vu, entendu, touché et flairé, on l'ignore encore presque complètement. Sa réalité essentielle, il la tient de son passé. On ne commence à le comprendre qu'en remontant dans son histoire.

Or, les Juifs vivent en perpétuel contact avec nous. Ils nous vendent leurs denrées avec un sûr instinct de ce qu'il faut dire et faire pour cette fin. Ils nous défendent comme avocats. Ils nous soignent comme médecins. Ils enseignent dans nos Facultés. Ils écrivent dans nos journaux. Ils nous administrent et nous gouvernent. Mais ils ne nous connaissent pas et ne nous comprennent pas[32]. Pas plus que M. Blum ne connaît la classe ouvrière. Pas plus qu'il ne connaît même les Français.

Il faut plusieurs générations d'assimilation pour qu'un Juif se représente la structure intellectuelle et morale d'un non-Juif, telle que l'ont façonnée le Christianisme et l'Antiquité refondue par la Renaissance. Un Barrès est pour eux impénétrable.

Pourquoi cette inaptitude ? Parce qu'un Juif n'a aucun sens de l'histoire[33]. Il n'est pas un homme du passé, mais un homme du présent et de l'avenir. Les morts qui survivent si longtemps dans les consciences chrétiennes ne troublent le Juif que peu de jours. Tout cet héritage d'hébraïsme auquel il semble si attaché, ce n'est pas du passé vivant et encore chaud, mais des formules, des règles de vie, des abstractions.

---

32. — « *Nous ne connaissons ni ne comprenons les « goyim » ; les « goyim » ne nous connaissent ni ne nous comprennent.* »

(Kadmi-Cohen, *Apologie pour Israël*, p. 10.)

33. — Ce n'est que par les chroniqueurs chrétiens que nous connaissons quelque chose de l'histoire des Juifs au moyen âge. Théodore Reinach (*Histoire des Israélites*, p. 237) s'exprime comme suit sur le seul Juif de cette époque qui se soit intéressé au passé.

« *David Gans (1541-1613) composa une chronique universelle, assurément assez médiocre, mais qui mérite d'être citée pour la rareté du fait.* »

Il faut deux siècles pour déchristianiser des chrétiens. Il faut quelques mois pour déjudaïser un Juif, du moins en ce qui concerne cet ensemble de coutumes extérieures, religieuses, familiales, qui sont le legs du passé. Ce qui ne disparaît pas si vite, c'est cette obsession d'être Juif irrémédiablement sous les oripeaux qu'il rejette, c'est l'*hallucination juive*, le démon intérieur qui dirige ses pensées et ses actes.

Quand le Juif arrive à l'âge où la littérature d'imagination cède la place à l'histoire dans l'attention des hommes, s'il se met à lire l'histoire, il ne remonte pas au delà de la Révolution française. Pour lui le monde commence en 1789.

Avez-vous remarqué que, si Israël n'a pas de critiques, *Israël n'a pas non plus d'historiens* ? Tout au plus un ou deux égyptologues, un ou deux chartistes, des universitaires, des érudits, non des historiens.

Le Juif le plus savant est un primaire.

Cela mène à une première conséquence.

Certains écrivains, qui se sont formés eux-mêmes sans études régulières, me paraissent dotés d'une culture valable. J'ai peine à croire que le petit Jean-Jacques Rousseau qui, à neuf ans, exhale sa colère contre un précepteur par le cri répété de « *carnifex* » soit un autodidacte. D'autres hommes, enrichis des plus beaux diplômes, ne dépassent pas pour moi le niveau de l'école primaire. C'est le cas de Jaurès, agrégé de philosophie, pourtant, si je ne m'abuse... Je me suis demandé pourquoi et il s'est écoulé beaucoup de temps avant que j'aie trouvé la réponse satisfaisante.

J'ai perçu un jour que toute la culture, c'est la familiarité du passé. Toutes les connaissances sont incluses dans l'histoire. Même une science pure, on ne la possède que dans la mesure où on la suit dans ses développements historiques et ses liaisons avec les autres disciplines. Qui connaît à fond l'histoire de la géométrie possède nécessairement celle-ci. Qui ne sait d'elle que le résidu qui figure dans les manuels, est peut-être un ingénieur apte à appliquer des recettes utiles, mais il n'a pas la Science.

Hors de l'homme, qui en est l'inventeur et le contenant, toutes les sciences ne sont que néant. L'humaniste sait cela.

On donne aujourd'hui, il est vrai, le nom de culture à toutes les connaissances qu'on acquiert à l'école primaire. On parle d'une culture prolétarienne et on a même forgé pour celle-ci l'adjectif barbare *culturel*. Mais ce n'est là que beaucoup de présomption dressée sur beaucoup d'ignorance. L'homme le plus savant de notre temps, s'il ne sait que peser les étoiles et pénétrer au cœur de l'atome, n'est pas pour cela un homme cultivé.

Pour les mêmes raisons, le Juif, dénué du sens de l'histoire, peut savoir beaucoup et être inculte. Cela explique bien des choses et, entre toutes, pourquoi il ne nous comprend pas, faute de connaître notre contenu historique.

Le Juif, mauvais avocat pour le Juif.

De cette méconnaissance du non-Juif par, les, Juifs, je tire une autre conséquence.

C'est que les Juifs sont de piètres avocats de leur propre cause. Ils sont impuissants à trouver la fibre qui commande l'adhésion de notre intelligence et surtout de notre cœur. S'il faut un plaidoyer ou une apologie pour Israël, c'est à un non-Juif qu'il faut la demander. Son discours sera moins passionné, moins comminatoire, moins irritant, plus raisonnable, plus humain, — en un mot plus utile. Ouvrez un volume d'Anatole Leroy-Beaulieu. Le Juif y est expliqué, excusé, exhaussé avec ingéniosité, glorifié avec mesure, rendu sympathique. Cela vaut mieux. Quand un Juif se met à épiloguer sur lui-même, il commence à déraisonner [34].

Quand les antisémites prêtent aux Juifs les propos qu'on peut lire dans les *Protocols des Sages de Sion* ou dans la brochure signée Blumchen, ils leur causent un tort certain, mais pas plus grand

---

34. — Quand, sous le voile d'une affabulation littéraire, des Juifs nous dépeignent des Juifs, ils le font le plus souvent avec une effrayante maladresse. Je signale comme modèle du genre le roman de Bernard Lecache intitulé *Jacob*. Il montre, dans une famille juive, toutes les

que celui qu'ils se causent à eux-mêmes lorsqu'ils éprouvent le besoin de s'expliquer.

Voici un petit écrit qui a des velléités de plaidoirie. Le docteur Pasmanik va nous révéler le Judaïsme. Rien de bien original, mais une tendance naturelle à la bienveillance qui porte l'auteur à vouloir concilier les antinomies pour n'être désagréable à personne. Comprenez bien que je n'impute à grief un tel penchant. Bien au contraire. Je n'aime pas les gens qui font sauter les poudrières.

A travers des formules balancées du genre de celles-ci, que vous connaissez bien, « bon, mais ferme », « sévère, mais juste », lesquelles sont des réflexes intellectuels d'esprits sans invention, il cherche à édifier un judaïsme sans défaut dont personne n'ait à se plaindre.

Deux traits marquants : le souci de démontrer que les aspirations vraiment juives ne sont pas communistes et la proclamation cent fois répétée de l'idéal social poursuivi par Israël. Sur le premier point, j'ai déjà admis que le communisme, s'il est conforme au besoin de changement et de subversion de l'esprit juif, n'est pas en harmonie avec le tempérament et même les intérêts de la plupart des Juifs. Sur le second point, l'auteur ne fait que confirmer une vérité que nul ne conteste.

> *« ... Le judaïsme, dit notre auteur, s'occupe beaucoup moins des rapports entre l'homme et Dieu, que... des relations des hommes entre eux au point de vue de la justice divine... Ainsi le bien-être social devient la base de la religion juive. L'idéal du monothéisme*

---

impudeurs, tous les appétits, tous les égoïsmes et toutes les lâchetés que les antisémites de l'école de Drumont reprochaient à Israël. Les vertus juives sont passées sous silence. Les vices qu'on attribue aux Juifs sont grossis démesurément. On se demande comment une œuvre aussi calomnieuse a pu sortir de la plume d'un Juif qui, par ailleurs, se présente comme le défenseur professionnel du judaïsme. On se demande surtout comment elle ne le disqualifie pas auprès des Juifs qui, autour de lui, défendent la même cause. Il est vrai que c'est Bernard Lecache qui réclame pour les Juifs le droit d'être aussi salauds que les autres. Si nous l'en croyions, ils ne feraient pas que d'en user, ils en abuseraient. Mais nous ne l'en croyons pas.

hébreu est le bonheur des hommes sur la terre. Le monothéisme éthique des Hébreux... a formé l'idéal du bonheur des peuples... »

Ce qui rend cet opuscule singulier, c'est que l'auteur croit et dit, bien que timidement, que cet idéal de justice sociale a été réalisé effectivement dans la Palestine antique.

« La loi juive a prévu, il y a trois mille ans, ce que fait de nos jours tout pays qui veut échapper aux révolutions destructives : les réformes agraires. — Israël est l'unique peuple dans le monde antique qui n'ait pas connu ces révoltes d'esclaves qui ont tant troublé des pays tels que la Phénicie, la Babylonie, l'Égypte, la Grèce et Rome. C'est la meilleure preuve que la Palestine était forte de sa classe de paysans et que la petite propriété terrienne dominait le pays. Il est donc clair que la justice sociale hébraïque a été modelée sur un peuple de paysans jouissant de leur propriété privée. Ainsi se forma un peuple qui dans la joie et la tristesse fut toujours animé d'un idéal de justice. »

Soit. J'admets les paysans et leur idéal de justice. Mais le docteur Pasmanik, qui ne semble guère historien, me semble bien imprudent. Son zèle téméraire rappelle malencontreusement à mon esprit ce que nous savons de mieux établi sur la Palestine avant la dispersion. C'est à vous dégoûter de la justice dite « sociale » jusqu'à la fin des siècles.

Les cent cinquante ans qui précèdent la ruine du Temple ne sont qu'une longue guerre civile. Dès les Macchabées, restaurateurs de la souveraineté et de l'unité juive, qui semblent mener leur lutte contre l'étranger, on aperçoit que les gens qu'ils tuent sont beaucoup moins des envahisseurs que des compatriotes, car c'est avec des Juifs que les Grecs tentent de conquérir et de garder la Judée. Puis c'est le lamentable antagonisme des Pharisiens et des Sadducéens qui, partis à la fois politiques et religieux, s'entre-déchirent au nom de la justice sociale avec un débordement de haine qui n'a jamais été égalé. La Syrie et l'Égypte sont appelées à la rescousse tantôt par l'un de ces deux camps, tantôt par l'autre. La postérité de Hyrcan ne se maintient qu'en servant tour à tour les fureurs de celui qui semble le plus fort[35].

Après une guerre civile qui dure six ans et qui n'est qu'un épisode entre d'autres guerres civiles, Alexandre Jannée cherche à faire un peu d'apaisement. Pour se concilier les vaincus, il leur fait demander ce qu'ils voudrait qu'il fît pour les satisfaire. La réponse unanime fût qu'il se coupât la gorge… Goûtez- comme il convient ce cri de haine stupidement butée devant lequel il n'y a qu'à laisser tomber les bras de découragement[36].

Je ne raconte pas cela pour le mettre à la charge des Juifs, nos contemporains. Ceux qui, parmi eux, cultivent cette plante vénéneuse, ont assez à faire à répondre de leurs haines personnelles. Je veux seulement montrer combien des Juifs excellents peuvent méconnaître l'histoire et se berner eux-mêmes et berner les leurs par des couplets bien sonnants mais vides de réalité.

Le Juif, accusateur public contre le Juif.

Voici une seconde brochure à tendances apologétiques. Elle a pour auteur M. Kadmi-Cohen. Elle est bien juive par l'orgueil qu'elle manifeste et l'idéal social dont elle s'enorgueillit.

---

35. — Pendant cette période historique, « *il y eut, dans l'espace de cent huit ans, 28 grands-prêtres, dont quelques-uns, comme Ananie et son fils Ananus, étaient sadducéens. Plusieurs, surtout dans les derniers temps, faisaient la guerre à leurs compétiteurs avec des bandes armées.* »
(Hergenroether, *Histoire de l'Eglise*, t. I, p. 132.)
Les grands-prêtres étaient alors non seulement les chefs spirituels, mais les princes temporels de la nation juive.

36. — « *On peut se demander*, dit naïvement notre auteur, *si toute l'histoire de l'Europe et du monde entier ne serait entièrement différente sous tous les rapports, le jour où le réalisme hébreu serait à la base même de son développement ? Différente, c'est-à-dire : moins de révolutions, plus de jacquerie, plus de bolchevisme, mais la concorde entre les hommes.* »
Je reste confondu par une telle mésintelligence des faits. Certes, on peut se demander tout cela. On peut même répondre avec assurance : le jour où la passion de justice sociale à la mode judaïque aura gagné tous les esprits, notre planète ne serait plus que le champ de bataille d'une immense guerre intestine.

M. Kadmi-Cohen entreprend de nous dire la destinée d'Israël « à nulle autre pareille », d'Israël qui apporte au monde une profession de foi « d'idéalisme œcuménique », d'Israël qui a charge de parachever l'humanité dont il est aujourd'hui la « préfiguration »; d'Israël doté d'une langue dont les mots sont répartis (?) par une sagesse où il y a « quelque chose de divin et assurément de surhumain. »

> « Nous ne faisons pas de discrimination entre le Temporel et le Spirituel, lisons-nous, nous les fondons tous deux dans un Absolu qui est l'humanité. Et de la divinité nous faisons un autre Absolu... C'est du principe de cette formation que nous sommes conscients quand nous bénissons le Seigneur de ne pas nous avoir créés individuellement « goy » et de nous avoir distingués collectivement des autres nations. »

Après ce délire pharisaïque, admirez cette conclusion :

> « Nous avons accompli un Haut Fait sans précédent : petit clan d'une vague peuplade asiatique, nous avons imprimé notre sceau à l'humanité pensante. Mais nous ne l'avons pas transformée. Notre christianisme s'est révélé incapable de chasser le hefker[37] des cœurs des barbares blancs. »

J'ai tout lieu de croire, si j'ai bien lu, que ces barbares blancs, ce sont les « goyim » ci-dessus nommés, c'est-à-dire vous et moi.

Cet opuscule, assurément, ne peut trouver audience qu'auprès des Juifs. Il n'a guère été lu que par eux. Chacun peut apprécier à sa guise le service qu'il leur rend en les grisant de louanges aussi hyperboliques. Mais qui douterait qu'il ne cause à la plupart des non-Juifs qui le liront un petit pincement désagréable ?

Je suis de ceux qu'il fait sourire et je suis tenté de répondre :

> « Cher monsieur, je ne vous dirai jamais assez combien je suis touché de votre sollicitude pour l'humanité dont je fais partie

---

37. — Par le mot *Hefker*, M. Kadmi-Cohen entend quelque chose de bien abstrus. Il faut y voir la contrepartie et comme la symétrie négative d'une idée kantienne et transcendentale de légitimité. Le hefker, c'est l'état d'âme de celui qui ne met pas cette légitimité au dessus de tout, dans l'Absolu, confondue avec Dieu même.

intégrante et au-dessus de laquelle vous pourriez vous contenter de planer majestueusement. Je me représente avec une angoisse infinie ce que nous serions si votre Dieu, dans les providentiels calculs de sa bonté, ne vous avait suscité pour éclairer notre barbarie, pour réformer, embellir, perfectionner, améliorer Phidias, Shakespaere, Beethoven comme on améliore la race chevaline... Dire que, sans votre petite tribu dont les histoires de famille ont pris tant d'importance et les chers bons vieux rabbins qui ont passé le moyen âge à préparer notre avenir, le cours de ma pensée serait encore influencé par des enfants comme Aristote, des fous comme Dante, des forbans comme saint Louis, des débiles mentaux comme Descartes... Heureusement, vous devenez notre instituteur, notre guide, notre maître. Mon cœur déborde de reconnaissance et je ne sais comment vous remercier. »

J'ai peut-être tort de plaisanter. Il se peut que M. Kadmi-Cohen, qui ne m'est connu que par ses œuvres, ne ricane, en m'entendant, et ne marmonne derrière son écritoire :

« *Ris toujours, mon bonhomme. On ne rit pas impunément de l'idéalisme œcuménique. Un bon petit Guépéou français t'apprendra bientôt qu'Israël ne se vante pas en vain.* »

Mise au point « *pro domo.* »

J'aime mieux croire que M. Kadmi-Cohen me pardonnera mon ironie aussi sincèrement et aussi complètement que je lui avais pardonné ses « barbares blancs » avant même de l'avoir lu. J'aime mieux le croire, bien que M. Kadmi-Cohen soit aussi mystique que je suis positif et que l'âme des dévots soit quelquefois bien décevante.

Qu'il tienne compte que les idées que je viens d'exprimer tout à l'heure, comme toutes celles qui ont la psychologie collective pour objet, sont de nature nécessairement subjective. Elles ne s'imposent pas à la raison comme les dénombrements qui figurent au chapitre précédent.

De même que ces appréciations, parce qu'elles sont des jugements de valeur, n'ont pas un caractère d'absolue certitude, de même elles n'ont aussi aucun caractère de gravité. Dire que les Juifs n'ont d'aptitudes ni pour la critique, ni pour l'histoire, ce n'est pas plus injurieux que de dire que les Français n'ont pas la tête épique. Cette observation nous a été faite et aucun d'entre nous n'en a éprouvé le moindre mal.

D'ailleurs, est-ce à dire qu'Israël ne compte absolument aucun critique, aucun historien ?... Est-ce à dire que tous les non-Juifs soient tous des critiques et des historiens ?... Encore une fois, il s'agit de moyennes psychologiques. Il est loisible à chacun d'en prendre et d'en laisser ce qui lui plaît. Surtout qu'on ne m'accuse pas de cruauté. Je connais mes Juifs et je sais avec quelle facilité ils crient : Au meurtre ! quand on fait seulement le procès de leur toilette.

J'entends qu'on va me dire :

> « Puisque vous êtes en veine de psychologie collective, il serait aimable, il serait juste de faire la part des qualités, des vertus juives. Il en existe et vous les connaissez. »

En effet.

Je les connais et je les aime.

J'aurais plaisir à louer cette texture serrée de la famille, cette bénévolence, assez générale chez Israël, qui se manifeste par la bienfaisance et la serviabilité — je soutiendrais même que la férocité des Juifs au pouvoir n'est que la transposition paradoxale et haïssable de cette qualité — ... et ces vertus aussi, faites pour étonner, toutes récentes et encore rares, suscitées par la critique antisémite : le mépris de l'argent et presque un sentiment occidental de l'honneur...

C'est donc bien volontiers que je dirais des Juifs le bien que je pense d'eux. Mais mon dessein est de leur être utile, non de leur être agréable. Je sais la propension qu'ils ont à s'admirer et je crains que tout éloge, fût-il justifié, ne compromette les résultats que j'attends de mon admonestation. Je ne suis pas assez imprudent pour mettre mes lecteurs juifs sur le terrain des valeurs d'Israël. Je suis bien trop persuadé de déterminer par là une sorte de cécité mentale à l'égard des vérités que j'ai résolu de placer sous leurs yeux.

Je soutiens n'avoir pas dépassé, dans ce qui fait le fond de ce livre, les thèses de Bernard Lazare qui fut un juif douloureusement obsédé par l'antisémitisme et, même, — je vais bien vous étonner — de *La Juste Parole*, publication exclusivement appliquée à réclamer justice pour les Juifs.

Mais, de ces écrits, les Juifs ne retiennent que ce qui caresse leur amour-propre. Le reste est lettre morte. Les avertissements qui montent de ces textes, clairs dans Bernard Lazare, plus enveloppés dans *La Juste Parole*, ne franchissent pas le seuil de leur conscience.

J'ai voulu changer de méthode. J'ai mis les points sur les I et dépouillé mes propos de toute complaisance. Non seulement je crie de toutes mes forces, mais je bouscule, — disons : sans ménagement, — celui que je veux avertir.

C'est ce que l'on fait lorsqu'il s'agit d'éviter à quelqu'un d'être écrasé par un camion.

VIII

RÉPONSES ET RÉPLIQUES

*A*INSI, ce livre s'adresse aux Juifs avant tous autres. J'aurais même voulu qu'ils fussent mes seuls lecteurs. Mes moyens, malheureusement, ne me permettent pas d'envoyer une lettre particulière à chacun d'eux.

On ne s'étonnera pas, dans ces conditions, que je me soucie de savoir comment ils réagiront en me lisant. Je puis le prévoir sans grand risque d'erreur.

Grognons ou irrités — et plus irrités que grognons — il n'y aura que des mécontents... et personne n'esquissera l'ombre d'une controverse sérieuse.

Je vais essayer de classer les réponses qu'on pourrait me faire, mais qu'on ne me fera pas.

Première Réponse :
« *Vous faites de l'Antisémitisme.* »

C'est probablement la seule que j'entendrai.

On me dira que je suis un « professionnel de la haine » et, cela, on me le dira, sans répondre à mes arguments comme Joseph Kessel à Henri Béraud, ou avec beaucoup d'injures comme Bernard Lecache au même Henri Béraud.

C'est la réponse du moindre effort et de la prudence maxima. Pourtant, si on dispose d'arguments, pourquoi ne pas en user ? Je ne demande qu'à les accueillir et à les publier à son de trompe, dans la mesure de mes possibilités.

Seconde Réponse :
« Les Faits allégués sont inexacts. »

Je veux bien recommencer l'enquête et qu'elle soit contradictoire. Je consens à toutes les rectifications justifiées. Je n'ai pas la prétention de présenter un travail exempt de toute erreur de détail... Mais cela changera-t-il quelque chose à la figure d'ensemble ? S'il se confirme, par exemple, que, dans les cadres du premier gouvernement de « Front Populaire », Mlle Osmin ou M. Mumber n'étaient pas Juifs, il y aura eu 39 ou 40 Juifs au lieu de 42 dans le personnel périministériel de M. Blum. Et puis ?

Peut-être réduirez-vous l'écart entre les 75 p. 100 de Juifs et les 25 p. 100 de non-Juifs que je signale dans le gouvernement et l'administration soviétiques, mais vous n'espérez pas cependant que vous allez inverser ce rapport ? Et, même si vous y parveniez, je serais loin d'avoir tout à fait tort.

Je ne crois donc pas que ce soit par ces voies qu'on puisse gagner son procès contre moi.

Troisième Réponse :
« Vous ne nous reprochez pas autre chose que l'exercice de notre liberté et vous visez à la restreindre. »

Loin de moi cette pensée. Ne vous irritez donc pas prématurément.

Mais si je ne désire pas limiter votre liberté, je souhaite, je l'avoue, que, sagement, vous la limitiez vous-mêmes.

Ne vous récriez pas. Je ne vous demande rien de déshonorant et que je ne fasse moi-même à longueur de journée. Ma liberté atteint vite ses bornes. Ce sont : les nécessités naturelles (je me prive de faire des sports si j'ai une hernie) ; les avertissements de la prudence (je ne crache pas sur le veston de mon voisin pour ne pas recevoir un coup de poing dans la figure) ; les égards que je dois à autrui (j'enlève mon chapeau dans une église, je le garde dans une synagogue), etc....

A ces raisons de limiter ma liberté et à toutes celles, innombrables et complexes, qui s'y ajoutent, j'obéis avec bonne humeur et je ne suis pas affecté de cette nécessité comme d'une atteinte intolérable à mes droits.

Je voudrais que vous compreniez que vous faites très fâcheusement du sport dans le domaine social, alors que vous avez une hernie qui devrait constamment vous rappeler à plus de modération. Je sais que c'est désagréable de voir les autres s'amuser et de rester hors du jeu.

Mais qu'y faire ?

S'il y a injustice prenez-vous-en à la nature, mais pas à moi.

Cette circonstance, dont il n'est parlé dans aucun code et qui, par conséquent, ne diminue pas vos droits, mais devrait limiter votre désir d'en user, cette circonstance, il faut bien que je l'exprime : ici, comme ailleurs, vous êtes un peu des étrangers...

Naturalisés ou non naturalisés, volontairement ou involontairement, consciemment ou inconsciemment, vous appartenez à une autre espèce sociale que les hommes qui vous accueillent. Je ne dis pas à une espèce inférieure. Je dis à une espèce différente. Ce n'est donc pas bien désobligeant. Je suis fâché cependant de vous tenir ce langage parce que je sais que vous le supportez mal, mais il n'est pas en mon pouvoir de faire que ce qui est ne soit pas, Or, vous êtes des étrangers, je le répète et je vais tâcher de vous le faire toucher du doigt.

Dédoublement juif,

Chaque homme appartient à un groupe social défini, à une nation. Un Anglais est un Anglais et n'est que cela. Il en est de même respectivement pour un Allemand, pour un Italien, pour un Chinois, etc., c'est-à-dire qu'il a en commun avec tous les hommes de son groupe une histoire, une langue, un drapeau... Même lorsqu'il existe dans un État une province séparatiste, cette province est aussi un tout défini. On est ce qu'on est, mais on n'est que cela et sans équivoque.

Or, tout Juif est double. Il est Juif d'abord et, comme tel, il a une histoire, une religion, une langue, une écriture qui se lit de droite à gauche au rebours de la nôtre, des journaux imprimés dans cette langue, un calendrier, des fêtes, nationales autant que religieuses, qui commémorent son histoire comme le 14 juillet commémore la nôtre...

Et puis, étant cela, il est en outre Anglais, Allemand, Italien, Chinois. A ce titre, il a une autre langue, un autre drapeau, d'autres habitudes, quelquefois une autre religion.

C'est cette duplication qu'il faut voir et qui est un fait. Un fait peut se nier, mais ne peut pas s'annihiler.

Regardez la réalité concrète. Il y a un peu partout, à Francfort, à Odessa, à New-York, au Caire, un homme qui se dit votre parent. Il prétend avoir avec vous des liens aussi forts que ceux qui nous unissent entre Français.

Évidemment, cette famille que vous avez à l'étranger n'est pas très proche. Elle est peut-être plus imaginée que réelle et vous n'en connaissez pas nommément les membres. Mais quand votre cousin juif fuit devant Hitler, c'est à vous qu'il demande refuge. Le schnorrer des Carpathes a des droits sur vous et, sans vous connaître, sonne en confiance à votre porte. Remarquez-le : il va chez vous, il ne vient pas chez moi. C'est donc que vous et moi, nous ne sommes pas, pour lui, deux hommes pareils et interchangeables.

Ne dites point que cette attraction est unilatérale, que, s'il se croit lié à vous, vous ne l'êtes point à lui. Nous verrons tout à l'heure ce qu'il faut en penser [38].

En attendant, admettez comme une chose naturelle que des patriotes sourcilleux puissent, dans ce pays, en constatant que vous avez deux patries, se demander quelle est celle que vous vous résoudrez à sacrifier s'il vous faut un jour choisir entre elles.

Réflexion d'autant plus légitime que votre attitude semble la justifier.

— Ce n'est pas vrai, interrompez-vous avec une impatience peu courtoise...

... Et vous êtes sincères, je le sais, je le sens.

L'ambiguïté de cette position serait embarrassante pour un autre. Mais il n'est pas dans la tournure de votre esprit de vous empêtrer dans de telles subtilités et vous continuez, sans même en avoir conscience, à être nationalistes en tant que Juifs et internationalistes en tant que citoyens des autres nations.

— Ce n'est pas vrai, protestez-vous encore...

Nous avons cru, en effet, que ce n'était pas vrai et c'est vous qui vous êtes chargé de nous détromper.

---

38. — Sur le nationalisme juif, un livre récent, *Épîtres aux Juifs*, de Pierre Créange, est particulièrement significatif. Tout le volume n'est qu'un appel à la cohésion nationale et à l'action commune révolutionnaire du peuple juif. (Voyez *supra* la note p. 36.)
Pour Pierre Créange, tous les Juifs sont des frères. « C'est à vous, Juifs de France, de défendre vos frères (p. 28)... Vos frères de l'Est (p. 32)... Nos frères de Russie et Pologne (p. 100)... Ils (les mauvais Juifs) ont coupé les ponts derrière eux en brisant la chaîne qui les reliait à leurs ancêtres (p. 80)... Nous sommes témoins d'un réveil indéniable — bien que partiel — de la conscience et la fraternité juive (p. 110)... »
Imaginez qu'un Italien, naturalisé en France, exprime publiquement de tels sentiments pour ses anciens compatriotes... Quel scandale pour les Créange, Zeraffa, Bernard Lecache, si exclusivement français, quand il s'agit de combattre le fascisme ! Ils offrent volontiers la France à leurs coreligionnaires de Russie et de Pologne, sans s'inquiéter de savoir si ça nous plaît, et, ces droits qu'ils s'arrogent sur notre pays, ils n'appartiennent qu'à eux seuls.

Nationalisme et Internationalisme juif.

J'ai dit qu'il n'y a pas de race juive et avec assez d'insistance pour ne pas l'avoir oublié. Je serais donc le premier à trouver et à publier que ces liens de famille sont négligeables, puisqu'il s'agit d'une parenté, non pas physique, mais mentale, qu'une lueur de conscience pourrait dissiper, si vous-mêmes vous ne vous appliquiez pas à souligner cette affinité qui vous unit aux Juifs de l'extérieur comme elle vous unit, entre vous, Juifs de l'intérieur.

Vos protestations sont inopérantes. Les chiffres que j'ai cités parlent plus haut que vous. Expliquez d'abord quel est le hasard, ou le mot d'ordre, qui vous donne ces mystérieux rendez-vous dans tous les gouvernements révolutionnaires sans exception.

Et puis, votre cosmopolitisme de fait se double d'un internationalisme de doctrine.

Personnellement, cet internationalisme, je ne le reprocherais pas à un Français non juif, car il est tout d'une pièce et je sais qu'il ne peut être, en raison d'une incompatibilité naturelle, nationaliste et internationaliste en même temps. Mais cet internationalisme, je vous le reproche à vous parce vous êtes doubles, pratiquant à la fois le nationalisme juif et l'internationalisme mondial. Je ne dirai pas que c'est duplicité. Mais je répète que c'est duplication. Elle suffit à expliquer toutes les défiances [39].

Le Français exclusivement Français reste quand même le propriétaire de la maison qu'il a construite. Il lui est permis de la trouver mal commode, de vouloir la brûler et la refaire pareille à celle de ses rêves. Mais il me déplaît que les invités prennent les mêmes libertés...

---

39. — « *C'est le Juif qui nous montre comment on peut en même temps jouir des avantages matériels que dispense la patrie et des avantages spirituels que révèle sa négation. En somme, il a trouvé le moyen d'utiliser du même coup la patrie extérieure des autres et sa patrie intérieure à lui.* »

(Elie Faure, *L'Âme juive* dans :
La Question juive vue par vingt-six éminentes personnalités.)
Cet ouvrage est apologétique et, si je ne me trompe, Elie Faure est Juif.

Quatrième Réponse :
« *Nous avons fait la guerre.* »

N'être en France que des invités — qu'ai-je osé dire ? Voilà qui vous humilie profondément et en suffoquant d'indignation, vous répondez :

« *Nous avons fait la guerre. Nous vous avons défendus.* »

Pour un peu, vous diriez que la France vous doit la vie.

Vous avez fait la guerre, oui. Mais pensez-y, votre cousin aussi l'a faite, mais chez nos ennemis et contre nous. Voilà la terrible équivoque de votre situation... Encore une fois je le regrette, mais je n'en suis pas cause. Ce n'est pas un déshonneur, c'est un fait. Il est simplement dommage, pour vous et pour nous, que vous vous en aperceviez si peu et que vous n'en teniez pas du tout compte.

Laissez-moi toujours vous dire que vous allez un peu fort lorsque, entrepreneurs de chambardement, vous invoquez comme droit à faire sauter la maison, la part, exiguë, que vous avez prise à sa conservation... La maison brûlait. Tout le monde a reçu quelque blessure en éteignant l'incendie. Vous avez apporté un verre d'eau que vous ne pouviez pas ne pas apporter. Et, pour ce verre d'eau, vous réclamez des droits, non pas égaux, mais privilégiés : le gouvernement de la France... Rien que cela.

Vous n'avez pas l'intention de vous emparer du pouvoir.

Mais vous l'avez fait, en Russie, en Hongrie, en Bavière, partout où vous l'avez pu. Vous êtes visiblement en train de le faire ici. Qu'on vous laisse continuer et l'on verra, un de ces jours, l'un des vôtres faire une tournée à la Szamuely dans nos départements français pour pendre nos paysans aux branches de leurs arbres.

Vous ne comprenez pas encore. Je vais me mettre à votre place. Je me suppose admis au foyer d'un autre peuple, naturalisé anglais, allemand, italien, chinois, comme vous voudrez. Eh bien ! J'observerais une réserve qui ne serait à mon jugement que décence élémentaire. Je m'attarderais dans l'antichambre avant de pénétrer dans la salle à manger. Je me garderais comme d'une action incongrue, de me précipiter au salon pour y prendre la place d'honneur. Je trouverais tout naturel de recevoir un coup de coude énergique si je m'oubliais au point de mettre les pieds sur la table.

Dans le pays qui m'aurait adopté et me traiterait comme un fils légitime, je n'irais pas brandir un drapeau de révolte et publier un canard insolent qui aurait nom *Le Droit de vivre*.

Le droit de vivre, qu'est-ce à dire ?

Il y a bon nombre de Juifs pour qui ne pas s'occuper de la conduite du voisin, ce n'est pas vivre. C'est à quoi mène le souci de la justice sociale. Le droit de vivre, dans leur bouche, n'est pas autre chose que le droit de se mêler des affaires d'autrui.

Cette licence que je ne réclame pas chez moi, comment la réclamerais-je chez ceux qui consentent à m'héberger ?

Mais, voilà ! Ce qui me paraît simple politesse et ne me coûte pas, paraît à l'esprit juif humiliation et déni de justice. Il le ressent comme un supplice [40].

---

40. — On reste confondu de voir l'erreur constante de raisonnement que les Juifs commettent quand il s'agit de justifier les droits qu'ils s'attribuent. Voici, par exemple, M. Kadmi-Cohen :

> « *La sommation des antisémites de bonne foi d'avoir à opter entre Israël et la patrie territoriale, logique en apparence, manque… de base morale… La loi morale est basée sur le libre arbitre, un choix libre entre deux possibilités également honorables. Quand il y a d'un côté une telle possibilité et de l'autre rien qu'un reniement, ce n'est pas un choix libre, mais une lâcheté et une désertion aggravée par la situation de ceux que l'on est invité à abandonner et les avantages de toutes sortes que l'on trouve à cet abandon.* »

C'est le sophisme le plus fallacieux qu'il m'ait été donné de lire. L'auteur, qui parait un peu brouillé avec la philosophie élémentaire, y manifeste un véritable génie de la confusion des concepts et de l'impropriété des termes. Vous avez bien lu. Nous admettons M. Kadmi-Cohen à notre table, ce qui est un acte de bienveillance sans contrepartie. Nous croyons pouvoir soumettre cette gentillesse à la condition assez naturelle que notre hôte ne soit point un danger pour nous. Nous demandons qu'il laisse ses armes au dehors. Nous pensons, dans notre innocence, que si la condition ne lui agrée pas, M. Kadmi-Cohen déclinera simplement notre invitation…

Cinquième Réponse :
« *Les Juifs tiennent de la nature des choses des avantages que vous méconnaissez.* »

Ici, c'est Léon Blum en personne qui pourrait me répondre.

— Vous nous invitez à nous incliner devant le fait de la solidarité internationale des Juifs. Nous vous demandons de vous incliner devant un autre fait qui explique notre présence dans votre classe dirigeante et le nombre, que vous jugez scandaleux, des Juifs dans mon gouvernement.

Nous ne sommes pas des travailleurs manuels. Beaucoup d'entre nous exercent des professions libérales. Quoi d'étonnant à ce qu'ils soient en nombre dans les fonctions publiques ?

— En nombre, même important, soit. En nombre aussi important, non. Tout est question de mesure.

D'ailleurs, ce n'est pas votre nombre qui m'effraye, c'est la concordance presque unanime de vos pensées et de vos gestes. Vous expliquez votre présence dans notre classe dirigeante, mais vous n'expliquez pas que vous n'y soyez pas divisés comme le sont les non-Juifs suivant la diversité individuelle des tempéraments, des habitudes et des idées.

On se demande, avec plus qu'une apparence de raison, si c'est parce que les Juifs sont dans les professions libérales qu'ils

---

Eh bien ! non. M. Kadmi-Cohen répond :

> « *Où avez-vous la tête ? Vous m'invitez tout bonnement à une lâcheté en m'imposant l'abandon du cimeterre bien effilé qu'ont porté avant moi mon père, mon grand-père et tous mes aïeux. J'ai trop le culte de la famille pour commettre cette infamie. Mais aussi, j'apprécie trop la bonne odeur qui s'échappe de votre cuisine pour quitter la place. Vous ne sentez donc pas combien il est immoral de m'obliger à choisir entre le plaisir et le devoir. D'un côté la soupe aux choux, de l'autre l'honneur... vraiment je n'ai plus mon libre arbitre.* »

Relisez le texte. On nous soutient qu'il n'y a de volition libre qu'entre des motifs égaux en valeur pratique ou en valeur morale. Autant dire que, seul, l'âne de Buridan jouit de son libre arbitre parce qu'il est entre deux sacs d'avoine également appétissants.

occupent ainsi toutes les avenues du pouvoir ou si c'est pour occuper ces avenues qu'ils ont choisi la voie des carrières libérales. Sommes-nous devant une collectivité fortuitement formée ou devant une troupe organisée pour l'assaut ? Il est impossible que cette question ne se pose pas à un esprit bien fait devant la répartition que vous faites des maroquins ministériels ?

Il n'aurait tenu qu'à vous que cette question ne vînt à l'esprit de personne.

Intelligence juive.

Mais M. Blum insiste.

— Les Juifs sont intelligents, très intelligents. Chef de gouvernement, j'ai besoin de concours utiles. Pourquoi voulez-vous que je me prive des services qu'ils peuvent me rendre ? Parce qu'ils appartiennent à la communauté religieuse dont je fais partie ? Parce qu'ils ont les mêmes idées politiques que moi ?

— J'attendais cet argument dont vous ne sentez peut-être pas toutes les conséquences.

D'abord, ni vous ni vos collaborateurs juifs ne relevez d'une confession religieuse. Jéhova n'existe ni pour eux, ni pour vous. Qu'est-ce qui reste ? Un lien civil, un lien d'idées, un lien de profit. Vous n'êtes pas des coreligionnaires, vous êtes des affiliés.

Mais voici où votre argumentation conduit en fin de course. Vous avez choisi des Juifs parce que vous ne leur trouviez pas d'équivalents chez les non-Juifs. Les Juifs seraient donc non seulement intelligents, mais plus intelligents que les non-Juifs et auraient, à ce titre, des droits supérieurs à s'occuper des intérêts de l'État et, pourquoi hésiter à le dire ? — des intérêts de l'humanité.

Alors sortez de ce dilemme :

Ou votre prétention n'est pas fondée et alors, vous me donnez une piètre idée de votre bon sens. Vous me révélez dans toute son ampleur l'exorbitant orgueil juif, partie intégrante de l'esprit juif. Vous dépassez la mégalomanie allemande qui prend plaisir à s'annexer toutes les gloires de l'humanité. Me direz-vous que le génie est un monopole juif ?

Ou votre prétention est fondée... mais je ne puis concilier la véritable intelligence avec la vanité ingénue de l'afficher sur les toits. Croyez bien en tous cas que cet étalage de votre supériorité sera pour l'antisémitisme le ferment le plus actif. Si votre intention est d'irriter tout à fait ceux à qui vous commenciez à déplaire, votre belle intelligence vous en a du moins suggéré le moyen le plus efficace.

J'ai dit, il est vrai, dans les premières pages de ce travail que les Juifs étaient généralement intelligents, quittes, lorsqu'ils sont sots, à l'être généreusement. Je ne m'en dédis pas. Mais la notion d'intelligence est complexe. Resterait à analyser la nature et les manifestations de l'intelligence juive. Un ensemble de facultés acquisitives très brillantes n'est pas incompatible avec des tares intellectuelles graves.

Mais que les Juifs qui prétendent à l'intelligence souveraine se rassurent. La civilisation antique, la civilisation moderne se sont créées sans eux. Ils ont contribué à détruire la première, Ils sont en train de détruire la seconde et ils sont en bonne voie d'y parvenir, c'est vrai... Mais la fourmi humaine marque une singulière ténacité à rebâtir sa termitière. Le monde renaîtra et je souhaite ardemment que, ce jour-là, pour notre repos et la paix des Juifs eux-mêmes, l'esprit juif et l'idéalisme juif ne soient plus que des souvenirs, aussi embués et aussi distants que le sont pour nous les mœurs du temps d'Hammourabi ou de la monarchie thinite.

Sixième Réponse :
« Nous agissons pour le bien. Qu'importe le reste ? »

— Oui, nous tenons beaucoup de place. Oui, nous ne ménageons peut-être pas assez les formes. Oui, nous récoltons des antipathies...

Mais nous avons aperçu, nous seuls, la forme nécessaire et heureuse du monde futur. Nous apportons la vérité et, avec elle, le bonheur de tous. La vérité gêne toujours quelqu'un et, particulièrement, ceux qui, dans le monde présent, édifient leur bonheur sur le malheur des autres. Les hommes de notre sorte sont toujours contrariés par les forces du mal. On ne se soustrait pas à la haine de ses adversaires. Mais ce qui importe, c'est de les vaincre, car la haine des vaincus, si elle est inévitable, est aussi sans danger.

L'antisémitisme dont on croit nous effrayer ne nous arrêtera pas. Au contraire. L'antisémitisme est la contre-partie fatale de notre préexcellence. Nous ne renoncerons pas à notre supériorité pour le bon plaisir des, imbéciles et des profiteurs de l'iniquité sociale.

— Que voilà de belles paroles. Décidément on pardonne beaucoup trop aux sincères, aux croyants, aux idéalistes. On les encourage. Quand ils ont détruit la maison, on regarde les ruines avec moins d'horreur et on se dit qu'après tout ils étaient bien intentionnés, ce qui est beau et assez rare.

Personnellement, j'en juge autrement. La foi, qui souffle les guerres de religion, est une dangereuse mégère qui a coûté plus de sang à l'humanité que les intérêts les plus cyniquement exigeants. Les fous n'ont pas de sentiments intéressés [41].

Or, il y a dans les asiles d'aliénés des pensionnaires qui se croient Jésus-Christ et qui ne sont pas aussi déments que vous, Juifs, qui me faites cette sixième réponse. Malheureusement la

---

41. — Il faut des cerveaux juifs pour admettre comme sensées les idées de « Révolution permanente » et de « révolutionnaire professionnel. » Pour certains d'entre eux la Révolution est un absolu. Elle n'est pas conçue comme un *moyen*, mais comme une *fin*, un bien en soi et on lit par exemple :
> « *Alors... (si les patrons élèvent les salaires)... la politique quotidienne des socialistes révolutionnaires doit être anxieusement attentive à empêcher les salaires d'augmenter, sans quoi les ouvriers passeront immédiatement dans le camp ennemi.* »

(Arthur Rosenberg, *Histoire du Bolchevisme*, trad. Pierhal, p. 102.) On croit entendre quelque chose d'aussi fou que ceci : « La maladie étant un bien en soi, toute atténuation des souffrances est condamnable et toutes les précautions désirables doivent être prises pour empêcher le retour à la santé. »

folie collective qui est la vôtre, raisonnante et séductrice, est la plus contagieuse de toutes. Elle gagne quelquefois les médecins.

Ne me dites pas que quelques hommes de science sont vos garants. Ils ne m'inspirent aucune confiance. Je crains les mathématiciens qui sortent de leur cabinet pour donner leur coup de pouce à la création. L'astrologue choit au fond du puits et Michel Chasles se laisse berner par Vrain-Lucas. Il n'y a rien de commun entre le monde où vit M. Langevin et celui où vivent le savetier et le financier.

Regardez la Vie.

Regardez mieux les choses, pauvres orgueilleux.

Nous surgissons un jour du néant pour prendre contact avec le monde, ce monde tantôt éblouissant, tantôt fuligineux, où d'autres êtres, pareils à nous, courent avec le même étonnement et la même incertitude, une aventure pareille à la, nôtre.

Pourquoi ?

Nous avons des besoins, les uns, comme la faim, la soif, qu'il faut satisfaire sous peine de mort, les autres, comme le jeu, la parure, la connaissance, si impérieux, eux aussi, qu'ils absorbent tout ce qui reste de notre activité, une fois la faim et la soif apaisées.

Pourquoi ?

Un peu de temps passe et tout à coup une trappe s'ouvre sous nos pieds. C'est la mort, l'inconnu, le néant, on ne sait.

Pourquoi ? Questions qui restent sans réponse.

Pendant ce court passage, nous nous réunissons, nous discutons, nous décidons. Nous avons l'illusion d'agir librement, mais nous sommes entraînés par un enchaînement ininterrompu de causes et d'effets et nous ne sommes pas plus indépendants en vérité qu'une roue à pignon dans une horloge.

Le problème de nos destinées, le plus important de tous, le seul important, reste le plus insoluble de tous.

Dans cette fantasmagorie qu'on appelle la vie, l'humanité nous apparaît croissant comme un homme unique. Elle a ses joies, ses peines, ses maladies... Comme nous elle attend le mieux de l'avenir et, dans l'attente de ce mieux qui tarde toujours, elle se retourne en soupirant sur sa couche. La dernière position qu'elle prend semble toujours la moins mauvaise...

Et c'est cela qu'on appelle le progrès.

Mécanisme et Organisme.

Ce que nous savons de plus sûr, c'est que l'humanité n'est point un *mécanisme*, c'est-à-dire un ensemble de pièces détachées, inertes et interchangeables, un mécanisme que nous avons conçu et exécuté à notre fantaisie, pour des fins que nous avons souverainement fixées.

Nous savons que l'humanité est au contraire un *organisme* comme tous les corps vivants, c'est-à-dire un être qui tire son origine de forces indépendantes de nous, qui obéit à des lois que nous n'avons pas faites et que nous ne connaissons même pas, — un organisme, pour tout dire, dont les fins, comme les nôtres, nous sont inconnues et sans doute inconnaissables.

Or, il n'est pas nécessaire d'avoir les circonvolutions cérébrales particulièrement compliquées pour se rendre compte qu'à un organisme nous pouvons faire beaucoup de mal et très peu de bien. Pour le mal, il est donné à tous de rendre un homme ou un animal malade, plus facile encore de le tuer. Pour le bien, rares sont les médecins utiles et encore ne font-ils que soigner ; c'est la nature qui guérit. Quant à ressusciter... Voilà de quoi rendre modestes les hommes de bon sens et prudents les hommes de bonne volonté.

Aussi, lorsque l'on voit, poussant la présomption jusqu'à la folie, des chirurgiens improvisés se porter forts de faire une société meilleure en transposant le foie et le cœur et tirer déjà leur scalpel pour cette sinistre opération, on peut trembler de tous ses membres.

Trop crédule humanité, qui, sans voir leurs tabliers et leurs bras rouges, après les avoir écoutés un instant, s'offre avec candeur au couteau de ces bouchers thaumaturges !...

Évocations.

Ici différents personnages surgissent dans mon esprit et viennent m'interrompre. Ils m'apparaissent avec une précision saisissante de ligne, de couleur, de relief.

Voici, d'abord, Camille, un antijuif exalté, du module hitlérien, que je rencontre quelquefois et dont je refrène à chaque occasion les emportements passionnés. C'est un « gars » de chez nous, un parfait exemplaire de la race alpine, petit, brun, l'œil foncé et vif, esprit mobile dans un corps remuant, très système D., un de ces hommes qui, soldats, grognant toujours et marchant toujours, sont les meilleurs du monde.

— Eh bien, me dit-il, vous en êtes arrivé là où il faut bien en venir. Vous avez découvert la peste juive. Mieux vaut tard que jamais. Croyez-moi, il n'y a pas de milieu. Ou les Juifs sont bons et, alors, pourquoi en parlez-vous ? ou ils sont mauvais et il n'y a qu'à s'en débarrasser. A la porte les Juifs et la France aux Français ! Cessez donc de faire rigoler avec votre antisémitisme à la guimauve.

Une fois de plus, je commence à protester :

— Il faut distinguer les hommes et les doctrines. Combattre et pourchasser les doctrines néfastes, très bien. Persécuter les hommes, non. Celles-là gagnent toujours du terrain lorsqu'on fait de ceux-ci des martyrs... Est-ce que les hommes, d'ailleurs, ne sont, pas innocents de leurs idées ?... etc.... etc....

Mais je ne peux pas continuer. Robert de Castres est maintenant là, devant moi, et me regarde avec sévérité.

Robert de Castres est un pseudonyme qui recouvre la personne de Moïse Rabinovitch, littérateur et journaliste. Né en France, de père et de mère russes, il est français. Il a servi dans nos rangs pendant les six derniers mois de la guerre.

Intelligent, certes. Si la supériorité de l'être humain est liée à sa capacité comme joueur d'échecs, il est homme de haute valeur. Nul ne s'entend aussi bien que lui à monter un reportage en tableaux sauvagement colorés. Il faut bien le reconnaître, sa prose est puissamment commerciale.

Au physique, c'est un homme de près de quarante ans, grand, d'allure énergique. Traits hardis dans un visage un peu creusé, mais agréable. Belle chevelure ondée. Un certain chic cosmopolite.

— Vous êtes, me dit-il aigrement, un semeur professionnel de haines... et il ajoute après un silence... Nous nous retrouverons...

Cette accusation d'être un fabricateur de haines, il me la lance, je vous l'assure, sans tendresse. Comme il doit bien dire, lui aussi : « Je vous hais. » Il est de cette argile dont sont faits les Yagoda en Russie, les Szamuely en Bavière, les Léviné en Hongrie, — l'orgueil et le système faits homme, l'écume d'Israël qui vient à la surface dans les grands bouleversements.

Ce visage, — dandy et bourreau, — heureusement se dissout et s'efface. Une autre image se substitue à lui. C'est Lazare, mon ami Lazare.

Mon ami Lazare.

Lui aussi, Juif, est arrivé à Paris, il y a trente et quelques années, venant du fond de la plus sauvage Galicie. Il était ouvrier casquettier. Il a, d'abord, fait des casquettes lui-même. Puis il en a fait faire par d'autres pour son compte. Maintenant, dans une boutique de la rue d'Aboukir, il aune du tissu de Roubaix pour un monde de revendeurs qui pérégrinent de marché en marché à travers toute la France.

Il sait tout juste signer son nom en caractères hébraïques mal tracés, mais il a voulu que ses deux fils aient une instruction complète. L'un est près d'achever ses études de médecine. L'autre, moins apte au travail intellectuel, le seconde dans son commerce.

Mon ami Lazare va comme va le monde. Il s'efforce d'y faire honorable figure, mais il ne prétend pas prendre la tête du progrès. Il ne rêve à rien au delà de l'aisance et de la sécurité des siens.

Les Juifs ne savent guère être objectifs. Lazare ne l'est pas naturellement, mais, quand on l'y amène, il arrive tant bien que mal à se mettre un peu dans la peau des autres. Je suggère cette opération mentale ; il sourit et il la fait. J'ai avec cet homme inculte, cœur bon et esprit droit, des conversations qui, sans être élevées, ont une saveur très agréable. Il me sait bien intentionné et n'a pas de défiance envers moi. Nous pouvons même parler du problème juif sans qu'il s'aigrisse. Il est vrai que j'apporte à édulcorer mon point de vue les soins les plus appliqués. Nous nous comprenons toujours.

Il modère et morigène son fils, le médecin, lequel, ayant mordu au fruit de l'arbre de science, croit connaître le bien et le mal et se figure être un peu Dieu. *Eritis sicut dei.* Mais, si ce fils respire l'air un peu grisant d'un milieu très Front Populaire, je reconnais volontiers qu'il n'en perd pas, comme d'autres, tout à fait la raison.

Isaac Laquedem.

C'est dans mes conversations avec Lazare que je trouve les réponses utiles à Camille et à Moïse Rabinovitch, dit Robert de Castres.

— Si vous croyez que c'est commode d'être Juif… Un Juif est neuf fois sur dix un pauvre type qui a bien du mal à s'y reconnaître. Dans les temps les plus sereins, entre les défiances très estompées mais jamais évanouies de l'extérieur et le petit bouillonnement qui toujours palpite aux profondeurs internes d'Israël, il goûte une paix relative. Mais, si le temps se gâte un peu, ballotté entre deux courants et ne pouvant rester neutre, il ne sait à quel saint se vouer. Attiré par ci, rejeté par là, il semble bien que sa faculté de choisir soit presque annihilée.

Je voudrais, Camille, que, dans une- de ces périodes, vous fussiez Juif pendant quelques semaines et qu'il me fût donné de contempler votre embarras. Que feriez-vous ? Iriez-vous trouver les anti-Juifs pour leur dire : « Coupez-moi le cou » ? Au contraire, plein d'une rage qui porte aux pires extrémités, vous sentiriez-vous, vous Camille Juif, disposé à résister jusqu'à l'agonie à tous les Camilles anti-Juifs ?

Songez à cela. Vous faites la guerre à de pauvres types. Je disais tout à l'heure : pour les neuf dixièmes ; je dis maintenant qu'ils le sont tous. Tous, de pauvres types, même les joueurs d'échecs les plus géniaux, même les plus intelligents, même les plus agressifs, même les plus cruels[42]... Ceux-ci autant et plus peut-être que les autres : Szamuely se brûle la cervelle avec un revolver dissimulé dans un mouchoir, Lé-viné est fusillé, Yagoda va subir le sort de Zinoviev et Kamenev, une balle dans la nuque...

Voir Israël sous les espèces d'un baron fumant un gros cigare dans une automobile armoriée, c'est commettre une erreur énorme ! Israël, éternel inquiet, c'est toujours le pauvre Juif errant et sa « grande misère », Isaac Laquedem, traînant la jambe et n'ayant que cinq sous dans sa poche.

Croyez-moi, Camille, les Juifs ne sont pas si différents des autres hommes. Tous voudraient bien dépouiller l'état civil qu'ils ont reçu à leur naissance et le personnage héroï-comique qu'ils se croient obligés de représenter. Tous, même le brillant Robert de Castres, dont le nom, qui sonne la croisade, trahit une espérance d'évasion.

Comprenez combien cela peut être fatigant de jouer indéfiniment le rôle de traître sur la scène de l'Histoire. Ne voyez-vous pas qu'ils succombent de lassitude et d'horreur. Mais ils continuent parce qu'une extravagante aberration, « l'hallucination juive », leur fait croire, à eux et à vous-même, Camille, qu'ils sont de toute éternité et irrévocablement destinés à ce rôle. Détrompez-vous. Détrompons-les. Il faut leur crier :

— Descendez du plateau, figurants et vedettes. Vous n'êtes ni d'une essence différente ni d'une essence supérieure à celle des

---

42. — Il n'y a, chez les plus orgueilleux, des moments de défaillance, où leur douleur explose comme un sanglot. Dans la bouche du volcanique Pierre Créange, je trouve ce cri poignant :

« Ah ! que la destinée d'Israël est cruelle ! »

(P. Créange, *op. cit.*, p. 35.)

autres hommes. Cessez de vous reconnaître entre vous comme une famille exceptionnelle. Il faut en prendre votre parti : vous n'êtes marqués d'aucune fatalité : ni malédiction originelle, ni mission divine...

Redevenez de simples hommes, parmi les hommes, indistincts comme nous dans le nombre déjà confondu des vivants et des morts... Recouvrez la paix résignée dont nous jouissons, dans l'ignorance des fins auxquelles la nature nous fait servir, sans nous prendre pour confidents et sans nous en demander permission.

Mais ils n'entendent pas notre voix.

Alors, qu'ils suivent leur destin. Pour nous, il faut pourvoir à notre salut.

Si ces fous s'obstinent à jouer leur rôle ridicule, qu'ils le sachent : nous refusons l'avenir qu'ils veulent nous faire, ce bercail d'Arcadie dont ils seraient les pasteurs. Nous refusons de tenir un rôle dans la tragédie qui précédera l'Éden final, cette tragédie où ils évoluent déjà, avec le masque et le cothurne, en déclamant des poèmes incantatoires.

Il est des hommes rebelles à leurs enchantements, qui n'accepteront pas sans combat d'être la victime de leurs autels et de tendre la gorge à leur couteau.

IX

LIMITE ET RÉALITÉ DU PÉRIL JUIF

*A*PRÈS cette controverse un peu vive, j'ai à cœur de montrer en quoi l'antisémitisme vers lequel je glisse mérite les épithètes dont je veux le caractériser, en quoi il est *humain* et *raisonnable*. Je voudrais montrer aussi en quoi il est utile.

Cet Antisémitisme est humain.

Il est humain parce qu'il n'est pas raciste.

En écartant de ma thèse le grief de la race, j'élimine un préjugé terrible qui prend toute une catégorie d'hommes dans une sorte de filet, où, ennemis, neutres et amis peut-être sont confondus. Le filet que j'utilise est du moins à mailles très larges. On peut s'en échapper.

Le seul judaïsme qui appelle la réprobation et contre lequel je m'irrite, c'est la concordance d'un certain état civil et d'un certain état d'esprit. Mon ennemi, ce n'est pas le Juif, c'est le Juif subversif. Celui-ci est malheureusement le plus fréquent. Il constitue les neuf dixièmes du peuple juif. , Quant au dernier dixième, qui n'est pas révolutionnaire, il n'est Juif que d'état-civil et ce n'est pas de quoi lui tenir rigueur. Il n'a que plus de mérite à résister à l'entraînement qui emporte tous ceux qui l'entourent.

Ne me demandez pas cependant un critère pour distinguer celui-ci des autres. Tant d'entre eux sont experts dans l'art de feindre que beaucoup de méfiance s'impose contre tous. Si je traçais ici un programme d'action politique, il faudrait bien que j'avise à proposer un moyen de discrimination. Par bonheur, je me contente d'exposer ici, sans plus, mon sentiment à l'égard d'Israël.

En somme, c'est au judaïsme que j'en ai beaucoup plus qu'aux Juifs. Pour le Juif, pris individuellement et pour l'être humain qu'il renferme, je ne ressens qu'une grande propension à la sympathie. Même lorsqu'il se révèle ennemi public je lui accorde plus (pie les circonstances atténuantes. Je lui accorde l'absolution entière à laquelle ont droit les maniaques et les hallucinés. Il ne s'agira que de paralyser leur faculté de nuire. Je fais mienne cette parole de saint Augustin : *Interficite errores. Diligite homines.* Mon besoin de rigueur s'arrête aux erreurs et aux sophismes. Il épargne les hommes.

Est-ce là de l'antisémitisme inhumain ?

Cet Antisémitisme est raisonnable.

D'abord, et aussi, parce qu'il n'est pas raciste.

Je ne perçois pas de différence de race entre un Juif et moi. Il n'y en a pas plus du moins qu'entre un Basque de Bayonne et un Flamand de Dunkerque. Nous avons le même sang, le même cerveau, les mêmes possibilités musculaires et cérébrales.

N'ayant pas de haine, je n'ai pas besoin de prétextes pour la justifier et du coup je jette au panier toutes les charges fallacieuses qui blessent la raison et la vérité.

Cet Antisémitisme n'a pas de caractère religieux.

Ce n'est pas au nom de la religion que je condamne Israël. Je n'ai pas de religion. Israël non plus, d'ailleurs.

Oui. Israël, on le dit, adore un Dieu, « Celui qui suis. » Il a des livres saints, des prêtres… et la renommée de religiosité que lui a faite Renan. Je m'inscris en faux contre cette réputation.

Israël n'a jamais pratiqué qu'un fétichisme superstitieux, qui ne répond à aucune idée religieuse élevée, qui n'est qu'un pacte avec la chance comme en font les joueurs devant les cartes ou la roulette.

Yahvé est pour son fidèle à peu près ce que l'homme est pour le chien : un associé puissant dont on dépend, dont on a besoin, au-dessus duquel on ne conçoit rien, mais non au-dessus duquel il n'y ait rien à concevoir. Je ne mets dans cette comparaison aucune malveillance. Le fait qu'Israël est ou n'est pas religieux m'est souverainement indifférent, l'est de plus en plus à tout le monde. J'estime qu'à notre époque la question religieuse ne se pose plus entre les Juifs et les Gentils et que la différence de religion, lorsqu'elle est cause d'antisémitisme, ne l'est pas une fois sur mille.

Cet Antisémitisme n'a pas de causes historiques.

On reproche aux Juifs toutes les lignes de leur Talmud.

Qu'on recherche dans le Talmud les principes explicatifs de la psychologie juive, c'est parfait. Mais c'est un travail d'historien. Avouons qu'il est un peu tard pour y chercher des motifs de haine. C'est à peu près comme si on disait :

> « *Un homme de la religion que vous suivez aujourd'hui, contemporain du trisaïeul de mon trisaïeul* (j'abrège), *s'est exprimé d'une façon inconvenante sur les ancêtres que j'avais à cette époque. Il m'est impossible de vous le pardonner.* »

Je pratique facilement, pour ma part, l'oubli de telles offenses que leur antiquité rend presque vénérables.

Imaginez Grecs et Syriens se reprochant aujourd'hui les injures échangées sous les murs de Troie par les héros d'Homère... Plaisanterie. Parlons plutôt des dangers auxquels l'esprit juif nous expose et, contre ces dangers, ayons les arguments et les armes de notre temps.

D'ailleurs, à mon avis, l'influence du Talmud a été fort exagérée [43]. S'il est vrai que « le Talmud, dans certains pays, a été longtemps... le principal, sinon l'unique aliment intellectuel des Israélites dispersés », il est non moins vrai que ces pauvres Israélites ont été terriblement sous-alimentés. Cette nourriture trop abondante et forcément indigeste, les fidèles et les rabbins n'ont pu l'ingérer qu'à petite dose et personne ne l'a jamais complètement assimilée.

Nos quatre évangiles, qui tiennent en deux cents pages, si dissemblables du Talmud par leur unité, leur clarté, leur brièveté, ont autrement marqué les âmes chrétiennes.

Quel est aujourd'hui l'Israélite, quel est même le rabbin qui pratique le Talmud autrement que dans ses abrégés ? Il n'y a pas cinq cents professionnels de la piété qui l'aient lu d'un bout à l'autre. C'est peu, si l'on songe qu'il y a seize millions de Juifs dans le monde.

Ne les rendons donc pas responsables de la mauvaise humeur d'un certain Siméon ben Yokhaï qui, un beau matin, il y a dix-sept cents ans, a cru bon de s'écrier :

« *Le meilleur des goyim, tue-le...* »

---

43. — Je précise. Je ne crois pas à l'influence du Talmud comme source d'idées et de sentiments, comme nourriture de l'âme. Philosophie et morale y sont confuses, contradictoires, inintelligibles. Il ne faut rien en attendre. On n'y peut trouver que ce que l'on y met.

J'accorde, au contraire, une grande importance au Talmud comme exercice cérébral, considéré indépendamment de la pensée, assez insignifiante, qu'il contient. C'est un mécanisme d'assouplissement intellectuel incomparable et j'attribue à l'usage abusif que les Juifs en ont fait certaines des qualités et des tares de leur intelligence. Cette intelligence, le Talmud l'a aiguisée et stérilisée.

Cet Antisémitisme ne se préoccupe pas de concurrence économique.

Il fut un temps où le succès des Juifs dans les affaires était le grief majeur des antisémites. Ce n'est pas le mien.

Je reconnais qu'ils jouent un rôle notable dans la production, considérable dans l'échange, capital dans les finances. La Bourse est à eux. Il y a des Juifs dans toutes les grandes entreprises, à des postes de choix. Quelques firmes de première grandeur leur appartiennent.

Mais, remarquez-le, rares sont les grosses affaires créées par des Juifs. Le Bon Marché, c'est Boucicaut ; le Louvre, c'est Chauchard ; la Samaritaine, c'est Cognacq ; le Crédit Lyonnais, c'est Henri Germain, etc. Bader n'est venu que plus tard et son affaire n'est pas la plus prospère.

Ont-ils donc, autant qu'on le dit, le génie des affaires ? Je n'en suis pas si sûr.

En somme, la réussite économique des Juifs est un mal très supportable. Qu'ils soient des boutiquiers heureux, je l'accepte. Que tous les magasins des Champs-Élysée et des boulevards appartiennent à Lévy, Jacob et Aaron, ce n'est pas d'un style très Louis XV, mais je l'accepte. Ce ne serait là, pour moi, qu'un phénomène purement nominal, purement onomastique plutôt, s'ils n'étaient, pour la plupart, en même temps que boutiquiers, membres d'une « bande » qui s'emploie activement à fabriquer, par voie révolutionnaire, de la misère et de la mort pour les non-Juifs.

Il ne se préoccupe pas davantage de concurrence intellectuelle.

Je pardonne aisément à Israël la supériorité intellectuelle qu'il s'attribue, mais qu'il n'a pas.

Le Juif, j'en conviens, connaît partout où il se met en ligne des succès nombreux et sérieux. Mais je me refuse à voir dans le succès un signe péremptoire de supériorité. Le soldat qui peut tuer Archimède ne peut pas finir son problème. On peut saboter une civilisation et prouver seulement par là qu'on ne la comprend pas.

Dans le patrimoine intellectuel des Juifs, que trouve-t-on ? La Bible ? Source admirable de poésie, mais si vieille qu'elle paraît l'œuvre d'un autre peuple que cette nation juive éparse aujourd'hui par la terre.

Quoi encore ? Un philosophe, et non des moindres, Spinosa... un poète, parmi les plus grands, Henri Heine... C'est à peu près tout. Pas un peintre, pas un sculpteur. Le Juif est, dit-on, musicien et la musique juive, c'est Offenbach, Mendelssohn, Meyerbeer. Ce n'est ni Bach, ni Mozart, ni Beethoven...

Les Juifs n'ont donné à l'Humanité ni une grande loi, ni une grande découverte. Ce ne sont pas des Juifs que l'on trouve à l'origine du ballon, de l'avion, du téléphone, de l'auto, du cinéma, de la radio. On ne leur doit ni la géométrie, ni l'algèbre, ni l'analyse, ni le calcul intégral... Je crois cependant que la véritable supériorité des Juifs, c'est dans les mathématiques qu'il faut la voir. Et peut-être, ici, le Talmud, cet océan d'arguties, ainsi que la profession de banquier et l'habitude des chiffres qu'elle exige, les ont-ils préparés à la discussion d'un problème. Einstein, à mon sens, est leur génie le plus authentique et je suis persuadé qu'il aura des successeurs.

Ne perdons pas en tous cas l'occasion de le proclamer : le commerce des chiffres et des abstractions mathématiques est certainement la plus mauvaise école qu'on puisse imaginer pour préparer au gouvernement des hommes.

Un tel bilan n'est pas pour nourrir chez le non-Juif une jalousie quelconque à l'égard d'Israël.

Je conclus. L'antisémitisme instinctif, passionné, haineux, celui que combattent Irène Harand et O. de Ferenzy ne m'est pas moins odieux qu'à eux-mêmes.

Je ne voudrais pas cependant qu'on jouât de l'horreur que m'inspire à juste titre l'antisémitisme raciste pour me priver du droit de produire sur les Juifs un jugement que je crois juste.

Aux accusés de droit commun, pour les forcer à avouer, on donnait jadis la question. On les cuisine aujourd'hui dans la chambre-des-aveux-spontanés. Ces pratiques répugnantes sont assurées de mon exécration comme de la vôtre. Mais, sont-elles une raison suffisante pour que, à cause de ces excès et au mépris de la sécurité publique, on mette fin à toute répression ?

Non, n'est-ce pas ? — Il en est de même pour les Juifs. J'invoque contre eux un droit de critique imprescriptible. Ils ont pour me répondre toutes les latitudes que j'ai pour les juger.

De la modération de mon réquisitoire, je ne veux qu'une seule preuve. L'unique reproche que je fais aux Juifs, c'est d'introduire dans la vie des peuples le ferment révolutionnaire. Or, je ne leur impute rien qu'ils n'avouent eux-mêmes avec le plus bel ensemble. Parmi tous les Juifs qui ont étudié et décrit la psychologie de leur communauté, j'en connais cent qui s'en font un mérite et un titre de gloire. *Je n'en connais pas un qui s'en défende.*

Les Juifs ont pu se dire calomniés par d'autres. Ils ne le sont certes pas par moi.

La France, Colonie juive.

Un Juif connu dans les lettres françaises, russe d'hier, a écrit qu'il se révoltait à l'idée d'être traité comme un Français de deuxième zone. Il ne se plaint pas de l'avoir été, mais il a peur de l'être dans l'avenir par l'effet d'un antisémitisme dont il hume dans l'air les premiers effluves. Cela choque son idéal de justice. Mais son idéal n'est pas du tout choqué, si moi, Français de toujours, citoyen depuis Jules César, je deviens demain quelque chose comme un sujet indigène dans une France devenue colonie juive.

En Allemagne, le Juif est Allemand de deuxième zone. En Russie, le Russe est colonisé par le Juif. N'y a-t-il donc que ces deux régimes de possibles ? Je ne sais. Mais qu'on trouve bon que je m'inquiète de savoir si demain je serai encore mon maître.

Ce n'est pas moi en tout cas qui ai enfermé Israël dans cette alternative : ou dominer ou pâtir. Qu'il renonce à vouloir régler ma vie suivant les principes de « sa » justice, qu'il ne déprécie pas systématiquement les principes de « ma » justice, laquelle mérite mieux que d'être traitée avec arrogance et dédain. Qu'il cesse de dresser le Français qui « agit le travail » contre le Français qui « pense le travail. » Qu'il réalise cette vérité qu'il est impossible d'agir un travail utile, s'il n'a été pensé auparavant. Que je n'entende plus de sa bouche le « je vous hais » devenu fameux et suis prêt à lui ouvrir les bras...

Sans doute, on voudra me faire croire que le communisme dont on menace la France sera spécifiquement français et démocratique. On fait trop d'honneur à ma naïveté. Il sera *judéo-russe et dictatorial*. Il est déjà slave bien nettement par la fourberie avec laquelle il dissimule son personnel réel et ses objectifs véritables.

Après avoir été internationaliste, défaitiste, antimilitariste, comme il était partout ailleurs selon sa vraie nature, le communisme que l'on prêche en France affecte aujourd'hui un patriotisme presque chauvin, une humeur belliciste et militariste propre à séduire le vieux grenadier de l'Empire qui sommeille encore dans le cœur de beaucoup de Français. Le Kremlin, dont il reçoit l'argent et les ordres, sait prendre tous les masques. Ceux qui, ici, dirigent le parti ne sont que des fantoches. Ceux-là qui tirent les ficelles sont ailleurs. Comme en Hongrie, comme en Bavière, ils surgiront du plancher quand le moment sera venu.

Qu'on ne me dise pas que ces craintes sont vaines et que le communisme ne pourra pas s'installer au gouvernement, si une majorité de Français veulent s'y opposer.

Je réponds qu'il s'y installera et sûrement, si nous n'y prenons garde et j'ajoute qu'il a été tout près d'y réussir il n'y a pas si longtemps.

Le Complot de Juin 1936.

Nous n'avons pas passé loin de la catastrophe.

Au début du mois de Juin qui suivit les élections législatives de 1936, les communistes, qui avaient créé et entretenu une agitation préliminaire en vue de cette fin, se crurent mûrs pour saisir le pouvoir.

Qu'on se reporte à la brochure publiée par Flammarion, où M. Jacques Bardoux, membre de l'Institut, a consigné l'histoire de cette période tragique. Pendant les journées et les nuits des 11 et 12 de ce mois de juin, la décision de déclencher l'insurrection fut prise et ajournée plusieurs fois.

Cependant les communistes, finalement, ne passèrent pas des intentions aux actes, car il se trouva dans le ministère quelques résistances énergiques. Elles ne venaient pas de Léon Blum.

Le gouvernement de Moscou, qui avait tout agencé et tout commandité, estima au dernier moment que l'armée, la province, les paysans n'étaient pas assez « brisés. » Il ne voulut pas courir les risques d'une action prématurée et donna ordre de surseoir.

Rien n'est changé cependant — est-il nécessaire de l'ajouter ? — aux projets communistes. La propagande et l'organisation du parti n'ont cessé depuis d'être renforcées.

Ce qu'il faut surtout qu'on sache, c'est que l'événement que nous redoutons peut se produire à tout moment sans même qu'une occasion exceptionnelle le facilite. L'accession du communisme au pouvoir dépend de la volonté d'un seul homme, celui qui, en France, est le chef du pouvoir exécutif. Si les choses ont été préparées suivant une bonne technique — et je me fie aux Russes pour cela — il suffira d'une heure ou deux après la décision d'agir pour réaliser de bout en bout le passage d'un régime à l'autre.

C'est impossible ?... Qu'on écoute une histoire vécue.

L'Exemple de la Hongrie.

Voici ce qui s'est passé, dans la nuit du 22 au 23 mars 1919, à Budapest.

A cette date, le comte Karolyi est président provisoire de la République populaire hongroise. Karolyi a beaucoup désiré le pouvoir. On le lui a longtemps refusé et il l'a obtenu lorsqu'il n'y comptait plus, par une sorte de surprise.

Les Alliés victorieux viennent d'autoriser Roumains, Serbes et Tchéco-Slovaques à pénétrer plus avant sur le territoire hongrois. Cette décision surprend Karolyi et le jette dans un grand trouble. Il éprouve à la fois une déception de patriote et une immense blessure d'amour-propre. Il est capable de tout pour mettre les Alliés dans l'embarras et tirer vengeance de ce qu'il regarde comme une trahison.

Les Juifs saisissent ce moment psychologique. Tout ce que Budapest compte de Juifs politiciens et journalistes se met immédiatement à préparer un mouvement populaire. On sait ce que c'est qu'un mouvement populaire. C'est la réunion, sur un point d'une ville quelconque, de trois ou quatre énergumènes militants ou, si vous préférez, de révolutionnaires professionnels, par millier d'habitants qu'elle contient. On assemble donc, ce soir du 22 mars, quelques journalistes, quelques ouvriers, quelques soldats. Les Juifs Bohm, Kunfi, Pogany, Krammer dit Kéri sont les promoteurs de cette manifestation et c'est sous leur pression et celle d'une foule d'autres Juifs qui se joignent à eux que dans les fumées de l'alcool et des pipes, on fait proclamer par cet attroupement sans mandat la dictature du prolétariat.

Il ne reste plus, après cette proclamation, qu'à vaincre les résistances des pouvoirs constitués. Dans un Etat où la vie politique est normale, il faut être follement audacieux, comme le général Malet en 1812, pour tenter une entreprise aussi aventureuse. Si le gouvernement est faible et déjà ébranlé, la tentative est moins extravagante. S'il est complice, ce n'est plus une tentative, mais une opération de tout repos.

A Budapest, les Juifs agissent avec Karolyi comme s'il était complice et l'événement leur donne raison. Pour économiser une émeute, toujours aléatoire, on essaye la persuasion autoritaire. Kunfi et Krammer se rendent au palais. On arrache Karolyi de son lit. On lui annonce ce qui vient de se passer avec sommation d'avoir à se démettre. Karolyi est assisté de deux secrétaires, Simonyi et Oscar Gellert, Israélites tous les deux. Entre ces cinq hommes, dont un seul est chrétien, le sort de la Hongrie se décide.

Une aberration d'une seconde, le temps de griffonner une signature sous un document tenu tout prêt et des millions d'hommes tombent sous la coupe de quelques centaines de Juifs[44]. Karolyi a cédé. Quelques secondes après sa capitulation, ses successeurs, investis de ses pouvoirs, sont déjà en action à sa place. La radio annonce au monde le changement survenu. Tout le mécanisme administratif se soumet à de nouvelles impulsions et fonctionne au profit des nouveaux maîtres.

En de telles matières, il semble que la puissance soit attachée au petit carré d'espace d'où partent les volontés gouvernementales. Ce n'est pas par hasard que l'on fait du trône le symbole de l'autorité monarchique.

Qui y est assis est obéi.

Les Juifs surent avec habileté profiter de l'imprudence que Karolyi avait commise en se levant de son fauteuil présidentiel.

Malet a admirablement résumé en une phrase célèbre cette interdépendance entre la place et l'autorité. Au président de la commission militaire qui l'interrogeait :

« *Quels sont vos complices ?* »

Il répondit :

« *Mes complices ? La France entière et vous-même si j'avais réussi.* »

---

44. — Voici la proclamation qui fut signée par Karolyi :

« *Au peuple hongrois,*

« *Le gouvernement a démissionné. Ceux qui jusqu'ici ont tenu le pouvoir par la volonté du peuple et avec l'appui du prolétariat se rendent compte que la force des événements réclame une nouvelle ligne de conduite. La production ne peut être assurée que si le prolétariat prend la direction des affaires. L'état économique est critique ; la situation extérieure ne l'est pas moins. La Conférence de la Paix de Paris a pris en secret la décision d'occuper militairement la presque totalité du territoire hongrois...*

« *Moi, Président provisoire de la République populaire hongroise, en face de cette décision de la Conférence de Paris, je m'adresse au prolétariat du monde pour obtenir aide et justice. Je démissionne et je remets le pouvoir au prolétariat du peuple de Hongrie.* »

(J. & J. Tharaud, *Quand Israël est roi*, p. 172, Bibliothèque reliée Plon.)

On voit comme c'est simple.

La Nuit du... 193... en France.

Si une mutation de gouvernement et de régime tient à si peu de chose, on voit comme tout devient facile lorsqu'il y a déjà dans la place un complice qui se tient prêt à ouvrir la porte aussitôt qu'on aura frappé. Je le répète : il dépend uniquement d'un président du Conseil, s'il est marxiste — et il peut très bien l'être en le niant — que la France soit bolchevisée en une nuit, entre deux heures et quatre heures du matin[45].

Il en va d'une opération de ce genre comme d'une attaque dans la guerre moderne. Plus la préparation est au point chez l'assaillant, plus l'effet de surprise est brutal chez l'assailli, plus le succès est assuré. Pour qu'elle réussisse, il n'est donc pas nécessaire que les esprits soient très surchauffés et la rue en état d'émeute. Au contraire. C'est peut-être l'atmosphère d'orage révolutionnaire qui régnait en juin 1936 qui a fait échouer la conjuration communiste. Cette tension trop visible n'a fait que mettre en garde les ministres disposés à la résistance. On les a

---

45. — Ces lignes étaient déjà écrites lorsque je me suis aperçu que ces craintes, assez naturelles, avaient frappé d'autres esprits.

« Il faut penser aussi que, M. Blum, qui pendant un an a été le chef de notre gouvernement et est sans doute appelé à le redevenir, apporte nécessairement à la Présidence du Conseil d'étranges cas de conscience, puisqu'il se trouve être à la fois, dans ce cas, le maître de l'« ordre » et le chef du parti de la Révolution. Une pareille situation a déjà fait naître, chez M. Blum, et fera réapparaître chez lui demain de terribles hésitations... Sa volonté de réaliser le programme socialiste jusqu'au bout, c'est-à-dire jusqu'au « saltus » *est certaine. Il l'a dit, redit, répété... Mais pour faire ce grand* « saut » *il faut que la volonté puisse être* « soutenue », *durable... Hier M. Blum n'a pas osé, n'a pas voulu se lancer dans la grande aventure. L'osera-t-il demain ? L'histoire de notre pays est liée à ce problème, un problème de nerfs, un problème de caractère. »*

(Marcel Thiébaut, *En lisant M. Léon Blum*, p. 212.)

Je suis d'accord avec cet auteur, sauf sur un point. Pour accomplir l'acte auquel est liée l'histoire de notre pays, il n'est pas nécessaire d'une volonté soutenue, mais d'une minute de faiblesse ou de mauvaise humeur. Je crois l'avoir montré.

alarmés alors qu'il aurait fallu les surprendre. Ils constituent, en effet, des obstacles extrêmement sérieux tant qu'ils sont dans la place. Dès qu'ils sont supplantés, ils deviennent, par contre, plus impuissants et plus menacés eux-mêmes que les balayeurs de rue.

Faut-il compter avec le président de la République que l'on se plaît, en France, à tenir pour le gardien de la constitution ? Il n'a aucun moyen de faire front. Il ne commande à personne et personne ne lui obéit. Rien de plus aisé que de l'extraire de l'Élysée ou de le revolvériser sur place, comme le chancelier Dollfuss en Autriche.

Une proclamation concertée d'avance entre celui qui sort et ceux qui rentrent, quelques ordres donnés en commun, les arrestations nécessaires faites en temps par des hommes sûrs pour décapiter et désorganiser les centres d'opposition, voilà les mesures de la première heure.

De telles manœuvres ne paraissent condamnables que lorsqu'elles échouent, mais il est prudent, sinon indispensable, de leur donner une apparence de légalité. Il y a toujours une assemblée qui, qualifiée de « mandataire du peuple », se fait un plaisir d'autoriser avant, de sanctionner après, les changements souhaités, puis survenus.

Les braves citoyens, en allant à leur travail, apprennent le lendemain, par des affiches toutes fraîches, ce qui s'est passé la veille. Les amis du nouveau pouvoir applaudissent ostensiblement. Les adversaires sont frappés de stupeur, paralysés. Ils se cherchent et ne se trouvent pas. La police, la prison, la déportation — vieux système — la fusillade, la mitraillade plus moderne — viennent à bout des dernières difficultés s'il en reste. Ainsi, le nouveau pouvoir se solidifie rapidement d'un bout à l'autre du territoire, comme une solution sursaturée dans laquelle on a laissé tomber un fragment déjà cristallisé.

C'est une question de tour de main beaucoup plus que de force et la Russie bolcheviste abonde en spécialistes expérimentés dans le métier, encore un peu neuf, de révolutionnaire professionnel.

Est-ce possible ?

J'admire ceux qui disent :

« *La France n'est pas communiste. Le régime communiste est impossible en France.* »

La France, je le leur accorde, n'est pas communiste. Mais croient-ils que les Russes le soient ? Le parti communiste y commande pourtant depuis vingt ans.

On oublie que l'homme est un animal patient qui s'accommode de tous les climats, tant géographiques que psychologiques. On oublie que c'est très exceptionnellement que l'on demande aux peuples la permission de les gouverner.

On oublie surtout une chose, qui est tout à fait capitale, c'est que le bolchevisme est un phénomène international, mondial, comme le judaïsme avec lequel il se confond. On oublie qu'un gouvernement communiste ne sera français que tout au début et pour la forme. On oublie que vingt-quatre heures après sa naissance, il peut très bien avoir agrégé la France, comme partie intégrante, à l'Union des Républiques Socialistes Soviétiques et fait d'elle une province d'un Tout beaucoup plus vaste, première esquisse du Grand État qui doit un jour contenir toute l'Humanité.

Cette inter-annexion de la Russie et de la France — je suis certainement optimiste en édulcorant le mot *annexion* par le préfixe *inter* — aboutissant à un gouvernement juif, ici comme là-bas, est exactement dans la courbe des agissements d'Israël. Avec la dictature communiste chez nous, la France périra. Ce n'est pas une possibilité, ce n'est pas une probabilité : c'est une certitude.

D'aucuns considéreront peut-être avec sang-froid la France passée à l'état de souvenir historique. Mais personne, dans ce pays, ne supportera sans révolte l'esclavage que les illuminés juifs nous préparent. Le tout est de savoir quelle sera l'efficacité de cette rébellion. Nul doute que les dirigeants russes n'aient sur leurs victimes une surprenante puissance. Les aveux avilissants obtenus des accusés politiques devant les tribunaux moscovites sont à faire frémir, tellement ils sont contraires à la nature humaine.

Qu'on songe à Danton et à ses amis déférés au Tribunal révolutionnaire, conservant jusque sous le couperet la liberté de leur conscience et l'autonomie de leur volonté. Qu'on rapproche ces deux attitudes : les boulettes de mie de pain que notre Conventionnel jette à la tête de ses juges et les basses palinodies que les vieux compagnons de Lénine débitent aux leurs.

Ici et là, c'est l'assassinat, mais en France, du moins, dépouillé de cette contrainte morale, pire que la mort, qui vide par avance le condamné de la personnalité humaine et le fait servir ainsi dépersonnalisé à la propagande de son bourreau.

Dans quelle mesure ces pratiques seront-elles mises en jeu contre nous ?... Dans quelle mesure seront-elles efficaces ?... Ferons-nous éclater les liens qu'on nous prépare ?... Vivrons-nous, au contraire, une de ces tragédies dont l'horreur, empruntée au monde des insectes, hérisse le poil des plus froids ? Quand l'aiguillon judéo-russe nous aura frappés, resterons-nous pantelants et hébétés comme le grillon que le sphex transperce trois fois de son dard et qu'il immobilise ainsi pour être la nourriture vivante de ses larves ?

Nul ne peut savoir.

Ce que l'on sait seulement, c'est que la tolérance résignée de l'homme à l'égard de la folie et de la cruauté politiques dépasse la passivité du grillon. Il ne faut pas remonter si loin dans notre histoire pour en trouver des exemples éloquents.

On peut tout craindre. Vingt ans de despotisme n'ont point épuisé la patience russe. Le bolchevisme en Hongrie et en Bavière aurait-il duré ? Personne ne le saura, car ces deux dictatures n'ont point disparu par l'effet d'une réaction interne. Elles n'ont succombé que sous l'intervention militaire — d'un Etat étranger en ce qui concerne la Hongrie — d'un État confédéré, mais indépendant et distinct, en ce qui concerne la Bavière. Faudra-t-il le hasard d'un tel concours pour nous soustraire au marxisme juif ?

Quel sera notre avenir prochain ?

Quelle sera l'issue de la bataille que, sur le sol de toutes les nations tour à tour, Israël livre au monde ? L'utopie ratiocinante juive vaincra-t-elle l'empirisme sage et lent qui, par progrès continus, a tiré du fond des âges notre civilisation si imparfaite et pourtant si précieuse ?

Je ne vois qu'une chose dans ces brumes.

L'ère est maintenant close des guerres nationales, de ces guerres détestées des mères et vraiment détestables, mais qui restaient parées de si magnificentes apparences. L'esprit juif n'est pas compatible avec l'honneur militaire, les drapeaux qui claquent et le salut chevaleresque de Fontenoy. Fascisme que tout cela !

Il nous apporte mieux : les carnages civils, sans décor, sans loyauté, sans quartier... la fureur de tuer qui frappe sans connaître ses ennemis et, la flamme au poing, met le feu au hasard sans discerner ce qu'elle brûle... Révolution ! Armée qui s'extermine elle-même, de camarade à camarade, de frère à frère. Équipage mutiné qui massacre ceux-là qui, seuls, pouvaient le conduire au port...

... Il vaut mieux détourner les yeux de ces affligeantes perspectives.

CONCLUSION

Me voici arrivé au bout de cette petite méditation sur la question juive, dont j'ai voulu montrer l'aspect actuel et français.

Si j'ai dû utiliser des chiffres dont il est impossible de garantir la valeur absolue, je suis sûr du moins d'avoir respecté les rapports qui existent entre eux et c'est tout ce qui importe pour ne pas défigurer les phénomènes que j'étudie ici.

Les erreurs de détail qu'on pourrait relever ne changeront rien à des vérités, d'ailleurs généralement admises et que je n'ai fait que rappeler.

Je me suis proposé trois buts.

J'ai voulu, d'abord, obliger les Juifs à réfléchir sur eux-mêmes et sur leurs relations avec les autres nations.

Ce n'est pas une opération qui leur soit habituelle et je ne sais qu'un seul d'entre eux qui s'y soit livré : Bernard Lazare.

J'ai tâché de leur montrer que le judaïsme, dont ils se réclament bruyamment ou dont ils subissent silencieusement l'empire, n'a aucune réalité en dehors des consciences individuelles, que cette entité subjective et arbitraire ne saurait s'imposer à eux malgré eux, qu'elle est une illusion pernicieuse, une sorte d'hallucination dont il suffit de prendre conscience pour être guéri.

J'ai voulu les libérer de cette hantise qui les induit à l'esprit de révolution, contraire à leur tempérament et à l'activité révolutionnaire, contraire à leurs intérêts.

J'ai voulu signaler aux non-Juifs les multiples dangers que leur font courir cet esprit et cette activité.

Non seulement il faut qu'ils se gardent contre la vague marxiste, qui n'est plus, hélas ! uniquement juive, mais il faut qu'ils se gardent deux fois contre les personnalités juives qui accompagnent cette vague, même si elles paraissent moins menaçantes que d'autres.

Ces dangers sont nombreux. J'en ai isolé un. J'ai montré l'imprudence qu'il y a à mettre à la tête du gouvernement un homme qui, dans le secret de son cœur, se reconnaît plus d'affinités avec Litvinov et tous les Juifs du Kremlin qu'avec n'importe lequel d'entre nous, un homme pour qui, comme pour Pierre Créange, la voix de « nos frères de l'Est, de nos frères de Russie et de Pologne » est la voix même du sang, un homme qui ne supporte de la France que ce qui, en elle, est « judaïsable » et qui, comme il l'a dit lui-même avec précision, HAIT le reste.

Enfin, j'ai voulu que les Juifs connaissent les réactions qui se produisent dans l'esprit des Français non-Juifs au spectacle des agitations qui désolent ce pays.

C'est cela surtout qu'il faut qu'ils sachent pour que ces lignes aient l'utilité que j'ai désirée. J'ai donc analysé le sentiment de défiance et d'irritation qui naît et grandit dans les cœurs français, en souhaitant que les Juifs en comprennent le mécanisme et en reconnaissent la légitimité.

Quoi qu'il en soit, légitimes ou non, il suffit que ces réactions « soient » pour que les Juifs aient à s'en préoccuper, s'ils veulent éviter le pire.

Je voudrais que ceux qui me liront trouvent dans ces lignes un avertissement profitable. Je n'aurais aucun plaisir, vraiment, dans quelques années ou quelques mois, à proférer les paroles rituelles :

« Je vous l'avais bien dit. »

J'aime mieux être mauvais prophète.

Voilà les trois buts que je me suis proposés.

Au lecteur maintenant à dire dans quelle mesure je les ai atteints.

FIN

INDEX DES NOMS CITÉS

A

ADLER (Victor), 57.
ADLER (Fritz), 57.
ALARIC, 47.
ALEXANDRE JANNÉE, 89.
ALGAZI, 82.
ALPHAND, 69.
AMBURGER, 66.
AMIEL (Frédéric), 82.
ANANIE, 89.
ANANUS, 89.
APPELBAUM (ZINOVIEV), 58.
ARÈNE, 69.
ARISTOTE, 91.
ARNOLD (Karl), 63.
ARONS (Léo), 57.
ARSCHBERG (Olef), 58.
ATTILA, 47.
AUBERT (Louis), 82.
AUER, 63.
AUGUSTIN (Saint), 116.
AUSTERLITZ (Fritz), 57.
AXELROD (Tobias), 65.

B

BACH (Sébastien), 120.
BADER, 119.
BARDOUX (Jacques), 123.
BARRÈS (Maurice), 84.
BAUER (Otto), 57.
BEETHOVEN (Louis Van), 82, 91, 120.
BÉRAUD (Henri), 96.
BERNARD, 69.
BERNSTEIN, 63.
BERNSTEIN (Édouard), 57.
BIQUART, 69.
BIRNBAUM, 63.
BLOCH (Pierre), 70.
BLOCK (Joseph), 57.
BLUM (Léon), 8, 31, 43, 67, 68, 69, 70, 71, 72, 82, 84.
BLUM (Robert), 56.
BLUMCHEN (Signature fantaisiste d'une brochure antisémite), 87.
BOAS (F.), 24.
BOHM (Guillaume), 66, 124.
BOSSUET (Jacques-Bénigne), 83.
BOUCICAUT, 119.
BRACKE, 68.
BRAUN (Adolf), 58.
BRAUNSTEIN (TROTSKY), 58.
BREITUNG (Max), 58.
BRUNETIÈRE (Ferdinand), 81.

C

CALMER (Isaac), 54.
CASANOVA (Jacques), 21.
CASEWITZ, 68.
CÉSAR (Jules), 28, 121.
CHAPOT (Victor), 18.
CHASLES (Michel), 107.
CHAUCHARD, 119.
CHAUTEMPS (Camille), 71.
COENEN (Philippe), 56.
COGNACQ, 119.
COHEN, 63.
COHEN (James), 82.
COHEN (A.), 82.
COHEN-ADRIA, 68.
CORVIN (Otto KLEIN), 66.
CRÉANGE (Pierre), 43, 82, 99, 112, 132.

D

Dante (Alighieri), 91.
Danton (Georges), 129.
Dernbourg, 63.
Descartes (René), 36, 91.
Diamand (Dr.), 57.
Diener, 66.
Disraeli (Benjamin), 35, 55, 78.
Dobrojanu Gherea, 57.
Dollfuss, 127.
Dreyfus, 68.
Dreyfus (Louis), 68.
Dreyfus (Alfred), 12, 57.
Drumont (Édouard), 87.

E

Eckstein, 57.
Einstein (Albert), 120.
Eisner (Kurt), 63, 65, 66.
Engels (Frédéric), 57.
Epstein (Vandervelde), 67.
Ernst, 63.

F

Faguet (Émile), 81.
Falachas, 20.
Faure (Élie), 100.
Fechenbach, 63.
Félix (Rachel), 69.
Ferenzy (Oscar de), 120.
Finkelstein (Litvinov), 58.
Flammarion (Éditeur), 123.
Fleg (Edmond), 82, 83.
Fondane (B.), 82.
Fould (Achille), 70.
Frank (Ludwig), 57.
Fränkel, 63.
Frankel (Léon), 56.
Freund, 63.

Fribourg (S.-C.), 56.
Fulda, 63.
Fustel de Coulanges, 42.

G

Gans (David), 84.
Ganz (Édouard), 55.
Gellert (Oscar), 124.
Gentizon (Paul), 64.
Germain (Henri), 119.
Goldschild, 68.
Goll (Yvan), 82.
Gompertz, 57.
Got (Ambroise), 65, 79.
Gradnauer, 57.
Grumbach (Salomon), 120.
Grunblatt (Boris), 66.
Gugenheim, 58.
Guzi, 66.

H

Haase (Hugo), 57, 63.
Haltmayer, 56.
Hammourabi, 105.
Hanauer (Jérôme), 58.
Harand (Irène), 120.
Hatzfeld (Comtesse de), 35.
Havany (Louis), 67.
Heimmann (Hugo), 57.
Heimann, 63.
Heine (Henri), 55, 83, 120.
Helfandt (Parvus), 58.
Hergenroether (Cardinal), 18, 89.
Hermann, 68.
Herr, 68.
Hertz (F.), 57.
Hertz (Henri), 82.
Hertzfeld, 63.
Hess (Moses), 57.
Hirsh, 63.

HITLER (Adolf), 15, 21, 37, 98.
HOESCHBERG (Karl), 57.
HOMÈRE, 118.
HYRCAN, 88.

I

IASZY (Oscar), 67.
ISRAEL (Sénateur), 70.
ISRAELOVITCH, 63.

J

JACOB (Max), 82.
JACOBY (Johann), 57.
JAFFÉ (Edgar), 65.
J. B. (Rédacteur de la Juste Parole), 59.
JEAN-JAVAL (Lily), 82.
JIVOTOVSKY, 58.
JOFFET, 69.
JOUHAUX (Léon), 47.
JUDA Ben Yehisquil, 28.
JUDAS Maccabée, 38.

K

KADMI-COHEN, 25, 65, 84, 89, 90, 91, 102, 103.
KAHN, 57.
KAHN (Gustave), 83.
KAHN (Otto), 58.
KAISER, 63.
KAMENEV (Léon), 31, 58, 59, 60 , 112.
KAROLYI (Comte Michel), 123, 124, 125.
KATSENSTEIN, 63.
KAUTZKY (Karl), 63.
KAZARS, 20.
KÉRI (KRAMMER), 124.
KESSEL (Joseph), 96.
KLEIN (Otto), 66.
KOHN, 63.
KRAMMER (KÉRI), 124.

KUHN (Bela), 66.
KUHN, LOEB ET Cie, 58.
KÜHNE (Gustave), 55.
KUNFI (Sigismond), 66, 124.
KUSCHOVSKY (Eisner), 65.

L

LAFCADIO HEARN, 82.
LANDAUER (Gustave), 65.
LANDEBERG, 63.
LANGEVIN (Paul), 107.
LASSALLE (Ferdinand), 31, 35, 57.
LAUBENHEIM, 63.
LAUFENBERG, 63.
LAVAL (Député), 71.
LAZARE (Bernard), 20, 25, 54, 93, 131.
LECACHE (Bernard), 86, 87, 96, 99.
LEMAÎTRE (Jules), 82.
LEMOS (Henriette de), 55.
LÉNINE (Vladimir-Ilitch), 55, 59, 129.
LEROY-BEAULIEU (Anatole), 20, 35, 86.
LESSING (Gotthold Ephraïm), 36.
LESTER (P.), 24, 25.
LÉVI (Armand), 56.
LÉVI (Paul), 57.
LÉVIEN (Max), 65.
LÉVINÉ-NIESSEN (Eugen), 65, 110.
LÉVY, 63.
LÉVY, 68, 119.
LÉVY (Georges), 70.
LÉVY (Sénateur), 70.
LÉVY-ALPHANDÉRY, 70.
LÉVY-BRAHM, 68.
LÉVY-BRUHL, 68.
LEWIS, 57.
LIBERMANN (Aaron), 57.
LIEBKNECHT (Karl), 64.
LION, 57.
LIPP (Dr.), 65.

Lipsinsky, 63.
Lisbonne (Sénateur), 70.
Litvinov, 58, 132.
Loeb, 58.
Louis (Saint), 91.
Lowenberg (Max), 63.
Lukacs (Georges), 66.
Luxembourg (Rosa), 57, 64.

M

Malet (Général), 124, 125.
Mandel (Député), 70, 71.
Manin (Daniel), 56.
Marley (Lord), 78.
Marx (Karl), 31, 43, 44, 55, 56, 57.
Mendelssohn (Moïse), 36, 82, 83, 120.
Mendès-France (Député), 70.
Merz, 63.
Metternich, 56, 78.
Meyer (Léon), 70.
Meyerbeer (Giacomo), 120.
Michel, 69.
Milbauer (J.), 82.
Milhaud (Darius), 82.
Millot (J.), 24, 25.
Moati (Serge), 68.
Moch, 68.
Montet (Édouard), 38.
Moser (Moses), 55.
Mozart (Wolfgang), 120.
Mumber, 69.

N

Nebout, 69.
Netchvolodoff (A.), 59.
Neurath (Dr. Otto), 65.
Nietzsche (Frédéric), 47.
Nivolich (Suzanne), 68.
Nordau (Max), 43.

O

Offenbach (Jacques), 120.
Osmin (Mlle), 96.

P

Parvus (Helfandt), 58.
Pasmanik (Dr. Daniel), 87, 88.
Paul (Saint), 48.
Paz, 68.
Pereyra (Jacob), 54.
Phidias, 91.
Philon, 18, 31.
Picard (Léon), 68.
Pittard (Eugène), 20, 23, 24.
Pogany (Joseph), 66, 124.
Preuss (Hugo), 63.
Proudhon (Pierre-Joseph), 57.

R

R. (Initiales de noms de fonctionnaires soviétiques), 61.
Rabbi Ulla, 25.
Racine (Jean), 83.
Radek, 31, 58.
Ravel (Joseph), 54.
Ravel (Maurice), 82.
Reinach (Salomon), 68.
Reinach (Théodore), 20.
Reis, 63.
Renan (Ernest), 29, 117.
Renault, 46.
Ret Maru, 65.
Robespierre (Maximilien), 55.
Rodrigues (Elie), 68.
Rosenheck, 63.
Rosenberg (Arthur), 106.
Rosenfeld (Kamenev), 58.
Rosenfeld (Kurt), 63.
Rosenfeld (A.), 68.

Rosenthal (Manuel), 82.
Rothschild (Sénateur), 70.
Rotschild (Max), 63.
Rouf, 68.
Rousseau (J.-J.), 85.
Ruppin (Arthur), 25, 30, 31, 60.

S

Sachs, 120.
Sainte-Beuve (C.-A.), 81.
Saint-Paul (Victor), 69.
Schiff (Jacob), 58.
Schiffer, 63.
Schlésinger (Thérèse), 57.
Schoulank (Bruno), 57.
Schwartz, 63.
Séligsohn, 63.
Shakespeare (William), 57.
Siméon ben Yokaï, 118.
Simm, 63.
Simonyi, 124.
Singer (P.), 57.
Sinzheimer, 63.
Snyder, 24.
Sontheimer, 65.
Souday (Paul), 82.
Souvarine (Boris), 60.
Spinosa (Baruch), 120.
Spire (André), 82, 83.
Staline, 60.
Stern, 63.
Steiner, 63.
Szamuely (Tibor), 66, 101, 110, 112.
Szanto (Bela), 66.

T

Tacite, 28.
Talheimer, 63.
Tamils, 20.
Tassmann, 82.

Tharaud (J. & J.), 125.
Théodose II, 47.
Thiébaut (Marcel), 43, 82, 126.
Titus, 18.
Toller (Ernst), 65.
Trotsky (Léon), 31, 58, 60, 81.

U

Ulmo (Sénateur), 70.

V

Vandervelde (Émile), 67.
Varga, 66.
Vernhagen (Rachel de), 55.
Vidal, 69.
Vrain-Lucas, 107.
Vries de Heekelingen (H.), 59.

W

Wadler (Dr.), 65.
Warburg (Félix), 58.
Weil, 63.
Weil-Raynal, 68.
Wolf (Théodore), 63.
Wolf (Sénateur), 70.
Wollheim (Caspar), 63.

Y

Yagoda, 110, 112.

Z

Zay (Jean), 70.
Zeraffa (Georges), 99.
Zetkin (Clara), 57.
Zinoviev (Gregori), 31, 58, 59, 60, 112.
Zobelsohn (Radek), 58.
Zyromski, 68.

TABLE DES MATIÈRES

Avant-propos 9

I

Est-ce que je deviens antisémite ? 11

Les Juifs et moi. — Vue nouvelle sur les Juifs — Rencontre de la Question juive — Condamnation de l'Antisémitisme raciste.

II

Y a-t-il une race juive ? 17

Point de vue de l'Historien — Apports étrangers — Unions mixtes — Pogromes et Violences diverses — Point de vue du Naturaliste — Les Juifs ne se ressemblent pas entre eux — Ils ressemblent aux populations qui les entourent.

III

Les juifs 27

Permanence de la Mentalité des peuples — Pourquoi le Judaïsme n'a pas été digéré par le milieu — Le Christianisme — L'illusion de la Race — Le Patronymique.

IV

L'esprit juif 33

Idéalisme — Orgueil — Inquiétude — Envie — L'esprit juif, expression d'une « moyenne » psychologique.

V

Manifestations sociales de l'esprit juif 41

Principes du Marxisme — Valeur du Marxisme — Séduction du Marxisme — Image du Marxisme dans le passé — Image du Marxisme dans l'avenir — D'où souffle le Vent révolutionnaire ?

VI

L'action sociale juive 51

Il n'y a pas de plan juif de conquête mondiale — Mais il y a conquête en fait — Proportion tolérable des Juifs dans l'effectif révolutionnaire — Rôle des Juifs dans les Révolutions politiques du XIXe siècle — Rôle des Juifs dans la Révolution sociale — La Révolution juive en Russie — La Révolution juive en Allemagne — La Révolution juive en Bavière — La Révolution juive en Hongrie — La Révolution juive en France — Le Ministère Léon Blum — L'Inflation juive.

VII

Les causes de l'antisémitisme 75

Le Front Populaire — L'Antisémitisme, œuvre des Juifs — Brutalités allemandes et atrocités juives — Retour sur l'Idéalisme d'Israël — Les Juifs et l'esprit critique — Les Juifs et le Sens historique — Le Juif le plus savant est un primaire — Le Juif, mauvais avocat pour le Juif — Le Juif, accusateur public contre le Juif — Mise au point *« pro domo. »*

VIII

Réponses et répliques 95

Première Réponse : « *Vous faites de l'Antisémitisme.* » — Seconde Réponse : « *Les Faits allégués sont inexacts.* » — Troisième Réponse : « *Vous ne nous reprochez pas autre chose que l'exercice de notre liberté et vous visez à la restreindre. »* — Dédoublement juif, Nationalisme et Internationalisme juif — Quatrième Réponse : *« Nous avons fait la guerre. »* — Cinquième Réponse : *« Les Juifs tiennent de la nature des choses des avantages que vous méconnaissez. »* — Intelligence juive — Sixième Réponse : *« Nous agissons pour le bien. Qu'importe le reste ? »* — Regardez la Vie — Mécanisme et Organisme — Évocations — Mon ami Lazare — Isaac Laquedem.

IX

Limite et réalité du péril juif 115

Cet Antisémitisme est humain — Cet Antisémitisme est raisonnable — Cet Antisémitisme n'a pas de caractère religieux — Cet Antisémitisme n'a pas de causes historiques — Cet Antisémitisme ne se préoccupe pas de concurrence économique — Il ne se préoccupe pas davantage de concurrence intellectuelle — La France, Colonie juive — Le Complot de Juin 1936 — L'Exemple de la Hongrie — La Nuit du... 193... en France — Est-ce possible ?

Conclusion 133

RETROUVEZ TOUTES NOS PUBLICATIONS

SUR LES SITES

- vivaeuropa.info
- the-savoisien.com
- pdfarchive.info
- freepdf.info
- aryanalibris.com
- aldebaranvideo.tv
- histoireebook.com
- balderexlibris.com

Librairie Excommuniée Numérique CULUS (CUrieux de Lire des Usuels)

www.ingramcontent.com/pod-product-compliance
Lightning Source LLC
LaVergne TN
LVHW091554060526
838200LV00036B/832